教育部人文社会科学研究青年基金项目"汉语社会称谓语的使用现状调查及语义演变研究"（批准号 12YJC740070）资助。

汉语社会称谓语的语义

HANYU SHEHUI CHENGWEIYU DE YUYI
YANBIAN

刘永厚 / 著

知识产权出版社
全国百佳图书出版单位

图书在版编目（CIP）数据

汉语社会称谓语的语义演变 / 刘永厚 著. —北京：知识产权出版社，2017.10

ISBN 978-7-5130-5179-8

Ⅰ.①汉…　Ⅱ.①刘…　Ⅲ.①汉语—称谓—语义学—研究　Ⅳ.① H146.2

中国版本图书馆 CIP 数据核字（2017）第 239213 号

内容提要

本书旨在梳理汉语主要的通用社会称谓语的语义变迁史，并通过实证调查探究当前中国社会汉语通称的使用现状，分析其最新语义演变情况和社会评价，尝试概括出当前中国人的主要称谓特征。书中还围绕国企、外企、党政机关人士三个实践共同体进行研究，揭示了相应人群的称谓特征，并提出一些称谓语规划建议。本书可作为社会语言学方向研究生和研究人员的参考用书，同时也适用于对汉语称谓语、语言与社会等题目感兴趣的广大读者。

责任编辑：刘晓庆　　　　　　　　　　　责任出版：孙婷婷

汉语社会称谓语的语义演变

HANYU SHEHUI CHENGWEIYU DE YUYI YANBIAN

刘永厚　著

出版发行：知识产权出版社 有限责任公司	网　　址：http://www.ipph.cn		
电　　话：010-82004826		http://www.laichushu.com	
社　　址：北京市海淀区气象路 50 号院	邮　　编：100081		
责编电话：010-82000860 转 8073	责编邮箱：396961849@qq.com		
发行电话：010-82000860 转 8101	发行传真：010-82000893		
印　　刷：北京中献拓方科技发展有限公司	经　　销：各大网上书店、新华书店及相关专业书店		
开　　本：787mm×1000mm　1/16	印　　张：11.5		
版　　次：2017 年 10 月第 1 版	印　　次：2017 年 10 月第 1 次印刷		
字　　数：150 千字	定　　价：48.00 元		

ISBN 978-7-5130-5179-8

前　言

2016 年一条微信被大量转发，受到众人瞩目，标题是"三十年来，已被毁掉的 9 个中文词"。9 个词中有 6 个属于汉语称谓语：① 小姐：从尊贵到低俗；② 美女：从惊艳到性别；③ 老板：从稀有到遍地；④ 同志：从亲切到敏感；⑤ 表哥：从亲戚到贪官；⑥ 干爹：从长辈到情人……仔细一想，上文所谓的"被毁掉"，其实是社会称谓语的语义降格（小姐、美女和同志）、语义泛化（老板）和语义转移（表哥和干爹）等演变形态。这些语义演变大都体现了"始于尊贵，终于轻贱"的趋势和宿命，同时也折射出了中国社会和国人称谓观念的变迁轨迹。可见，研究汉语社会称谓语对于了解中国社会的发展是何等重要！

本书是我承担教育部人文社会科学研究青年基金项目的结项成果。经过四年多的不懈努力，本书即将付梓，心中有一丝欣慰，也有一丝忐忑。研究汉语社会称谓语，说容易也容易，称谓语是人际交往的先导，每个人工作、生活中都要用到它；说复杂，又何其复杂！它的使用和评价与人们的年龄、性别、职业、社会阶层和地域无不关联。称谓语是人际关系的"晴雨表"，它能反映人们即时的态度立场、社会关系和社会角色；同时也是社会变迁的"活化石"，记录着不同时期人们的价值观念，以及社会、文化的变迁历史。可以说，汉语社会称谓语研究具有重要的语言学价值和现实意义。

但是，近年来，国内外有关汉语通用称谓语使用状况的大规模社会调查较少，尤其是针对不同社会群体称谓特征方面的研究。称谓语的语义演变不是孤立进行的，它们相互关联。例如，进入 21 世纪以来，"美女""帅哥""亲"等通称先后崛起，其他称谓词的生存空间因此受到挤压。有些称谓语的语义演变是剧烈而急进式的，如潮起潮落，起伏明显；有些称谓语的语义演变是缓慢而渐进式的，如水中暗流，不易察觉。不管是哪种演变形态，都需要跟进研究。同时，汉语长期存在称谓困境的现象，人们在很多场合找不到得体的称谓语，大大影响国人的人际交往和文明形态，这需要我们在社会调查的基础上对称谓观念进行系统梳理，提出称谓语规划建议，为解决社交称谓的混乱和缺环等问题做一些有意义的工作。

本书正是从以上主旨出发，对汉语社会称谓语的使用现状和最新语义演变进行了多项实证研究。本书共分九章。第一章对研究对象进行了界定，厘清了称谓语和称呼语相关概念。第二章尝试对六个汉语通用社会称谓语的语义演变历史进行了细致梳理。第三章详细探讨了当前中国社会存在的汉语称谓困境现象。针对这一困境，第四章对当前主要汉语通称的使用现状进行了调查，分析了各个通称的使用频率、受欢迎度和主要语义成分，并概括了当前中国社会的五大主要称谓特征。第五章至第九章为专题研究。第五章、第六章和第七章分别聚焦北京市的党政机关人士、国企员工和欧美外企员工这三类人群的称呼模式和称呼特征。第八章尝试运用模因论梳理了"亲"这个新世纪新兴称呼语的语义泛化过程。第九章专门研究了网络拟亲属称谓语这类特殊亲属称谓用法的语义演变过程。这里需要特别指出的是，书中第一章、第五章、第七章和第八章的部分内容曾分别发表在《语言·文学·文化论稿第三集》论文集、《北京科技大学学报》（社会科学版）2017年第3期、《语言文字应用》2015年第4期和《现代语文》2016年第7期。当然，本书对这部分内容重新进行了修订，并对文献进行了相应的补充。第五章到第七章主要是共时研究，但考虑到历时中包含有共时，书名便取为"汉语社会称谓语的语义演变"，力求简洁。

本书能够顺利出版，得益于多方面的支持。本课题有幸得到了教育部人文社会科学研究青年基金项目"汉语社会称谓语的使用现状调查及语义演变研究"（批准号12YJC740070）的资助，这使整个项目的运行和所有调研工作有了保障。本书的出版得到了北京第二外国语学院2014年国家社科基金项目2016配套经费的支持。在整个项目完成的过程中，我得到了北京第二外国语学院各级领导和同事的热心鼓励和无私帮助。我的研究生郑双、朱娟、薛睿、张颖、刘海燕等参与了部分章节资料和数据的初步整理工作，马圆圆和张颖参与了文稿的校对工作。最后，我尤其要感谢我的导师田贵森教授。当年我的博士论文出版时，田老师在"序"中鼓励我继续勤奋进取，逐步拓展，并对我充满殷切期望："展望称呼语研究，还有许多问题需要探究，如随着社会的发展，社会结构的复杂性引发的称呼语缺位现象；网络语言中特殊称呼语形式的使用与规范；称呼语变异与身份认同建构的实证研究等"。本书的内容可以说暗合了田老师指引的方向。此外，我还要感谢知识产权出版社的刘晓庆编辑，她耐心、细致的工作使本书的出版最终成为现实。

限于作者的研究水平、时间和精力等原因，本书难免有疏漏之处，敬请广大读者批评及指正。我真诚地希望本书能够为学术界朋友了解汉语社会称谓语的使用现状及其最新的语义演变进程，提供一定的参考和借鉴。

刘永厚

2017 年 7 月 29 日于北京

目　录

第一章　称谓语的界定和分类

本章介绍称谓语领域国内外早期的研究成果，然后对称谓语和称呼语这两个极易混淆的概念进行界定，并探讨称谓语的分类法。

一、国内外的早期研究

国人对称谓语的研究古来有之。"据袁庭栋考证，表达称谓、名称之意的'称谓'字样最早出现于《晋书·孝武文李太后传》：'虽幽显而谋，而称谓未尽，非所以仰述圣心，允答天人。宜崇正号，详案旧典'"（转引自祝克懿，2004：27）。公元前，西汉初年的《尔雅》开启了称谓语的研究之门。《尔雅·释亲》篇系统地介绍了亲属称谓语的用法和意义。公元后，称谓研究逐渐累积，如东汉末年的《小尔雅》，尽管有些文献将作者注为孔鲋，书实为多位学者纂辑而成。其体例模仿《尔雅》，是《尔雅》的续作，补充了其所未及，共分《广名》《广言》等十三章。汉末刘熙的《释名·释亲属》是一部以音训为主的百科名词词典，全书分为《释长幼》《释亲属》《释言语》等二十七篇，用音同、音近的字来解释所列名词的意义和命名由来，以控求语源见长。三国时张揖的《广雅·释亲》、明代李翊的《俗呼小录》、清代周象明的《称谓考辨》和梁章钜的专著《称谓录》均为早期的重要研究成果。尤其是《称谓录》一书收录有5000 余条称谓词，分门别类地讨论亲属、官职、同僚、邻里和师友等各种社会关系和各行各业的称谓用语。书中称谓之浩繁，堪称最早！

这些早期的研究多侧重对语言本体的描述，但大多只是罗列了一大堆亲属名词，对其使用的条件不加以充分说明。费孝通在 20 世纪 30 年代就曾批评这类研究不足以表明称呼语使用的社会意义。之后，冯汉骥（1937）的研究比较系统。这些研究拉开了现代汉语称谓语研究的序幕。Chao（赵元任）于 1956 年在 Language 上发表了 "Chinese Terms of Address"（《汉语称谓语》）一文，对 20 世纪 50 年代普通话口语中称谓系统及各个称谓语的使用条件做了较为详细的描述。文章开篇就指出探讨对象为称呼语和叙称用语，具体分为人称代词、专有名词称谓、头衔称谓和亲属称谓。陈原（1983）在《社会语言学》一书中论及了我国解放前后某些称呼形式（如"爱人""朋友"）的意义发生了变化或在一定语境中产生了新的意义，进而指出时代、社会生活和人际关系的变化都会导致新词在社会词汇库中巩固起来。20 世纪六七十年代，受到"文化大革命"的影响，相关领域的研究几乎全部中断，仅查找到伍丹戈（1979）发表的论文《略论明代官场的称呼——从姚雪垠著〈李自成〉中用语"老先生"

说起》。直到 20 世纪 80 年代，随着中国实行改革开放和社会语言学西学东渐，越来越多的论著开始关注称呼语在社会中的实际使用情况，研究才开始越来越具有广度和深度。此外，这一时期有几部称谓词典出版：杨应芹、诸伟奇的《古今称谓词典》，黄山书社，1989 年；吴海林的《中国古今称谓全书》，黑龙江教育出版社，1991 年；蔡希芹的《中国称谓词典》，北京语言学院出版社，1994 年；吉宏昌的《汉语称谓大词典》，河北教育出版社，2001 年。

在国外，称呼语在 20 世纪 60 年代就已成为社会语言学的一个重要研究领域，而 Brown 和 Gilman（1960）、Brown 和 Ford（1961）等学者发表的论文对这一领域的发展做出了很大的贡献。但在这之前，其他领域的学者们很早就已经从其他学科的角度对称呼语进行了研究，如历史语言学、词源学、语法学、文学、心理学、人类学和哲学等。一些旅游指南和介绍礼节方面的书籍也谈到在不同国家称呼语的具体使用情况。例如，文学家、文体学家通过考察称呼语的变化来分析作家的风格和如何更好地理解文本的意义；心理学家尝试探究称呼语的变异所能表达的意义，以及说话人使用称呼语变异的意图；人类学家在记录语言时常常需要描述亲属称谓语，因此国外刊物在 20 世纪 60 年代之前就刊载了很多人类学家们对不同语言亲属称谓的调查和描述。时至今日，称呼语也不是社会语言学垄断的课题，文体学、方言学和比较语言学等领域同时也在研究相关现象，这些都为称呼语的研究提供了独特且新颖的视角。

二、称谓语与称呼语的界定

首先，有必要区别称谓语和称呼语两个概念。笔者认为下面这一界定比较准确。称谓语指"人们由于亲属和其他方面的相互关系，以及身份、职业等而得来的名称，如父亲、师傅、厂长等"，而称呼语则指"当面招呼用的表示彼此关系的名称，如同志、哥哥等"。❶ 称谓语侧重强调人们的社会关系，而称呼语强调当面招呼的交际性。称谓语的覆盖面更广，包括称呼语，称呼语是称谓语中的面称词。有一部分称谓语不能用做称呼语。如"父亲"这一称谓词，尽管在中国古代可以用作称呼语，但当今一般只用作背称，其相应的称呼语是"爸爸"或"爹"等变体。从指称对象的所在位置来看，称谓词可分为面称词和背称词，背称又名他称或叙称。面称词是当面使用的称呼，而背称词是叙述到某人时指称其用的称谓。背称别人时，被指称的人可以在场，也可以不在场。"有些称谓面称和背称同形，如'舅舅、老王等'"（崔希亮，1996：36）。面称又分对称和自称。对称是当面称呼听话人使用的称呼语，而自称是当着听话人的面自己称呼自己。称呼语是称谓语中的对称用语。自称语一般不属于称呼语的范畴，只有当说话人把自己臆想成听话者时用的自称语才算作称呼语。

---

❶ 中国社会科学院语言研究所词典编辑室 . 现代汉语词典 [M]. 第 6 版（大字本）. 北京：商务印书馆，2016：163.

英文中的 address 指"直接和某人说话"。address term 指说话人在交谈中用来直接称呼听话人用的词和短语 (Braun，1988 : 7)。在使用中，英文这一表述的变体有 address form、term of address 和 form of address，而与它们相对应的正确的汉语译词应该为称呼语，而不是称谓语，因为它的范畴没有称谓语那么大。汉语中的背称在英文中对应 term of reference、referential term、reference term、designative 和 mentioning term 等短语。

但是英语中，address term 同汉语中的称呼语在概念上还是有不同之处：英语中 address term 的定义标准只强调指称对象是对话人即可，不关心称呼语是否为一个句子的成分。于是，充当句子成分的第二人称代词和在句法上相对独立的其他称呼语都一并归在其范畴之下。所以在西方的称呼语文献中，英语称呼语的类型包括名词称呼语和人称代词称呼语，后者主要是第二人称代词。而汉语的传统研究，一般不把第二人称代词归在称呼语范畴之下，所以早期中国学者介绍称呼语或称谓语的类型时很少提到第二人称代词，只是近年来受西方研究的影响，有学者（如杨永林，2004）将其纳入称呼语范畴。这个时候，英汉称呼语的概念就完全等同起来了。

三、称谓语的分类

国内学者对现代汉语中称谓语的分类论述颇多，但很多时候没有明确指出分类的具体标准到底是什么。笔者赞同顾之川（1993：108）的分类法："如就称谓语的性质而言，可分为亲属称谓和社会称谓；从感情色彩上看，又有尊称与谦称、昵称与戏称、蔑称与詈称之辨；从运用称谓的对象关系上说，又有自称、对称与他称之别"。在此基础上，还可以再加上一些其他标准。例如，根据词性划分，有名词称谓语、代词称谓语和复合式称谓语。其中，对亲属称谓语和社会称谓语，顾使用的"性质"一词比较模糊，可换为"指称的社会关系"。另外，对亲属称谓语和社会称谓语这两大类，可以继续细化。例如，社会称谓语包括职衔称谓语、姓名称谓语、通用称谓语、拟亲属称谓语及各种混合称谓语等。任何事物的分类角度不同，皆得不同类型，即要将称谓语分类，必先确定其分类标准。

四、小结

本章追溯了汉语称谓语的早期研究历史，强调其社会语言学研究需要考察现实的社会环境和时代背景，这样才能揭示出称谓语使用中的变异规律以及语义演变的最新进展。称谓语分为面称和背称，称呼语是称谓语中的面称词，用来当面称呼听话人。在称谓语的众多类别中，本书将重点研究社会称谓语，其中包含已经泛化了的亲属称谓语，即拟亲属称谓语。

第二章　汉语通用社会称谓语的语义演变历史

　　语言和社会之间存在共变关系。一方面，社会变化影响语言系统，社会因素的变化必然导致语言内部做出相应的自我调整，以适应社会发展的需求；另一方面，语言是反映社会变化的一面镜子，无时无刻不在折射一个社会的政治经济文化走向、价值观念和意识形态。

　　汉语称谓语以其数量庞大和种类繁多而著称。汉语称谓系统按照称谓词的词性可分为两大类：名词称谓系统和代词称谓系统。根据称谓词指称的社会关系，名词称谓系统分为以血缘或婚姻关系为基础的亲属称谓语系统和以社交关系为基础的社会称谓语系统。社会称谓语又分为通称和非通称。通称（也称泛尊称）指一般不严格区分被称呼者的年龄、职业、身份等，可以广泛用于社会成员之间的社会称谓语。汉语主要有一般社会称谓语（如"师傅""同志""先生""小姐"等），以及由亲属称谓语外化而来的拟（假）亲属称谓语（如"叔叔""大哥""大姐"等）两大类。其中，"师傅""同志"这样的通称最为通用，不受性别因素的限制；"先生""小姐"次之，受性别和年龄因素限制；拟亲属称呼"叔叔""阿姨"等再次之，除了受性别和年龄制约，还要考虑辈分。非通称包括职衔称谓、姓名称谓等，不能广泛使用于一般社会成员。

　　称谓语的社会语言学研究可分共时和历时两个层面，共时研究考察某一特定历史时期称谓语的使用情况，历时研究追寻不同历史时期之间称谓语的演变（刘永厚，2010：90）。作为社交生活中不可或缺的一种语言形式，通用社会称谓语的使用和变迁自然在各种社会变化面前首当其冲，而结果则是"或者改用新的称谓，或者启用旧的称谓，或者给旧称谓赋予新的内涵"（崔希亮，1999：644）。本章计划通过对六个通用社会称谓语进行纵向溯源和横向比较，旨在梳理其语义发展中的演变轨迹，着重探讨其语义演变历史及国人的称谓观念变迁轨迹。六个社会称谓语包括"同志""师傅""先生""小姐""老师"和"老板"。

一、"同志"的语义演变

　　"同志"一词可能最早见于左丘明所著的《国语·晋语四》："同姓则同德，同德则同心，同心则同志"。郑玄为《周礼·地官·大司徒》中"以本俗六，安万民，一曰媺宫室，二曰族坟墓，三曰联兄弟，四曰联师儒，五曰联朋友，六曰同衣服"中的"朋"和"友"作注："同师曰朋，同志曰友"，注释中的"同志"即指志向相同；东汉王充《论衡·自纪》："好友同志，仕不择地，浊操伤行"中的"同志"也是此义。《后汉书·刘陶传》："所与交友，必也同志"，此处用法由志向相同自然而然引申为志向相同的人。此外，"同志"也有比较偏僻的用法，指夫妻或性质相同，如南北朝诗人鲍照《代悲哉行》："览物怀同志，何如复乖别"。在这里，"同志"由志趣相同之人引申为夫妻。明朝杨慎《冶容海淫》："冶，销也。遇热则流，遇冷则合，与冰同志"。此处的"同志"义近"同质"，取其性质相同之义。可见，在古汉语时期，"同志"在词形上只是两个单音节字组成的偏正短语，在语义上主要指志趣相同或志趣相同的人，"它并不是一个泛尊称，甚至也不是一个称呼语"（胡范铸，胡玉华，2000：115）。

　　"同志"被用作称呼语最早出现在晚清时期（1840—1911 年），那时的革命党人内部就已互称"同志"。1918 年，孙中山先生在其发表的《告海内外同志书》和《致南洋同志书》中，称呼那些立志推翻封建王朝的同盟会成员们为"同志"（Fang，Heng，1983：496）；1925 年，孙中山先生著名的《总理遗嘱》也被概括为"革命尚未成功，同志仍须努力"，这既是孙中山先生留给国人的政治遗嘱，也在客观上推动了"同志"这一称谓语的语义变革。这个时期的"同志"开始具备相对固定的含义，与"政治"和"革命"背景有直接而密切的联系，特指具有共同政治信仰或为同一政治目标而奋斗的政党成员，成为一个"神圣的具有革命归宿感的称谓"（孙玉超，师文淑，2012：147）。

1921 年中国共产党成立之初，中共一大党纲明确规定："凡承认本党党纲和政策，并愿意成为忠实的党员者……都可以接收为党员，成为我们的同志。"这是中国共产党在正式文件中最早使用"同志"一词，也赋予了其新的含义：民主、平等、团结、尊敬和亲切（Fang，Heng，1983：496）。党内互称"同志"，表明双方拥有共同的共产主义理想并愿意为之共同不懈奋斗。这一时期，"同志"的使用范围仍然局限在政党成员内部，普通民众并不会被称作"同志"（胡范铸，胡玉华，2000：115）。此外，由于革命立场和政治理想的分歧，中共成员对资产阶级知识分子和民主党派人士也不能随便称"同志"（Ju，1991：388）。

中华人民共和国成立后，"同志"这一称谓语迎来了自己的春天。为了团结全国人民实现建设社会主义新中国的政治目标，中国共产党开始大范围推广使用"同志"。它不仅取代了诸如"老板""先生""太太"等具有封建主义和阶级色彩的称谓语，而且赋予了全体劳动人民平等的社会地位。这个原本只在政党内部使用并且具有鲜明政治和革命色彩的称谓语，开始跨越政党的门槛，走向各行各业的普通民众。此外，它的使用规律也有所变化，Scotton 和 Zhu（1983：484）总结了"同志"的 7 种使用形式：单独使用、姓＋同志、名＋同志、姓名＋同志、职衔＋同志、修饰语（老、小）＋同志、修饰语（老、小）＋姓＋同志。由此可见，这一时期，"同志"只用于革命成员之间的特殊意义逐渐消失，并由一个特定的专属称谓语迅速泛化为当时最权威、最受人民欢迎的社会通称。

然而，"文化大革命"时期，由于"同志"与革命和政治倾向性有天然的联系而在一夜之间失去荣宠，使用范围迅速缩小，使用频率也随之下降。阶级斗争学说的盛行使"同志"成了人民内部的一种称谓，在一定程度上承担起了划分无产阶级和资产阶级的政治功能。在这种情况下，人们对"同志"称呼的使用格外小心，唯恐用错了被说成"敌我不分"（陈松岑，1989：39）。这一时期，"同志"这一称谓"已经远远超出称谓语汇的功能，而带有强烈的政治色彩"（王枫，李树新，2005：94）。因此，即使在"文化大革命"过后，"同志"称谓语的感情色彩被极大地弱化，再也无法与中华人民共和国成立初期的受欢迎程度相提并论。

改革开放以后，我国内地经济在迅速发展的同时，也受到了香港特别行政区、台湾地区和西方文化的冲击。1989年，在筹备香港第一届同志电影节（First Hong Kong Gay and Lesbian Film Festival）时，主办人林奕华和林迈克首次将英文词 gay 和 lesbian 翻译为"同志"。从此，"同志"便逐渐演变为"同性恋者"，甚至是国际上 LGBT 四大群体的代名词，即 lesbian（女同性恋）、gay（男同性恋）、bisexual（双性恋）和 transgender（变性人），并借助媒体和互联网经由台湾地区和广东蔓延到内地，"同志"经历了语义降格。近年来，"同性恋者"这一新语义正在被越来越多的年轻人使用，甚至作为"同性恋者的代称"被收录在我国的部分词典中，如《中华现代汉语词典》（2011），其用法在现实中比比皆是，尤其见之于非主流网络媒体和文学作品，如"校园'同志'害怕校园""'出柜'的同志妈妈"等。

对于"同志"这个曾经在中华人民共和国成立时期风靡大江南北的称谓语为何会发生"同性恋"的语义贬值，Wong（2003：28）认为，中国的同性恋者和早期互称"同志"的革命党人一样，都是深受社会某种势力压迫的边缘性群体，但他们拥有共同的信仰并为之孜孜不倦地奋斗。革命党人旨在推翻封建统治、建立新型的人民政府，而同性恋者则希望借助"同志"一词所蕴含的"团结"与"并肩作战"的政治语义，呼吁中国的同性恋群体加入争取自由、平等和合法权益的"革命"潮流之中。值得强调的是，"同志"被用作"同性恋者"时，它并不能被用作称呼语，既不能面称别人"同志"，也不适用于 Scotton 和 Zhu（1983）总结的 7 种使用形式，只是一个背称，如"她是一个同志"。

除了同性恋者的语义外，对整个中国社会总体而言，"同志"早已褪去战争年代的革命色彩，成为一个象征"礼貌"和"距离"的称谓语（Wong，Zhang，2000：263），其社会地位已今非昔比。它衰落的原因有二：其一，"同志"一路走来被渲染上浓厚的革命和政治色彩，因此在市场经济的社会大环境下，当出现新的可供选择的社交称谓语时，"同志"自然而然就受到了人们的冷落（Wong，2005：769）；其二，"同志"这一称谓"既无性别标示也无相对年龄标示，因而显得过于笼统，在某些非正式场合甚至显得疏远和冷淡"（方传余，2007：31）。然而，由于政治需要和历史等原因，"同志"称谓语依然常用于严肃的政治场合和领导干部的任免通知中，它所包含的团结、平等的政治色彩，也是其他社会通用称谓语所望尘莫及的。相反，如果在这些严肃场合不再被称为"同志"，则可能意味着一个人政治身份的转变或政治生涯的结束，如"他正式失去了'同志'的身份，变成了被检察机关立案侦查、逮捕的嫌犯"，以及"他已不再是同志"这样的"可怕"用法。

"同志"称谓语在党政机关内部可谓是命运多舛。2014 年，《人民日报》《新京报》等媒体纷纷报道了党政机关称谓语庸俗化和江湖化的陋习，曾经在党内无限风光的"同志"如今却沦落到上下级之间难以启齿的地步。相反"老板""老大"等称谓语在某些省市大肆盛行。称谓语的庸俗化折射出个别党内领导干部对权力和财富的追逐，以及个别党员思想作风的扭曲与腐化。针对这一现象，中央机关和一些省份下达官场称谓禁令，要求"对担任党内职务的所有人员一律称'同志'"。因此，整治并规范党内和官场称谓语，提倡党内民主与平等的政治生活已迫在眉睫。

对比不同时期不同版本的汉语词典，从中不难窥视到"同志"的语义演变史。1979 年版《辞海》对"同志"的解释为：① 志趣相同的人；② 政治理想相同的人，同一政党成员之间相互的称谓；③ 我国公民彼此之间的一般称谓；1999 年版的《辞海》则只保留了前两种解释，而《中华现代汉语词典》（2011）则收录了"同性恋"这一新语义。

二、"师傅"的语义演变

《辞源》对"师傅"的注释为：① 老师的通称，《榖梁传》昭公十九年："羁贯成童，不就师傅，父之罪也"；② 太师太傅的合称，《史记·吴王濞传》："吴太子师傅皆楚人"。2012 版《现代汉语词典》中"师傅"的义项为：工、商、戏剧等行业中传授技艺的人；对有技艺的人的尊称，如木匠师傅、司机师傅等。

总体而言，虽然历史上"师傅"的语义变化比较大，但其呈现出一定的语义继承性。"师傅"一词出现于战国时期，当时是对教育工作者的称呼。然而，在相当长的一段时期内，"师傅"专指帝王诸侯之师，因此具有"一定的排他性"（徐梓，2007：45）；而且，"身为师傅，贵极人臣"。"师傅"不仅要拥有渊博的知识、精湛的技艺，更要兼备高尚的德行才能为人表率。到了南宋以后，"师傅"开始称呼普通的授业者。在"一日为师，终身为父"等用法中，"师傅"蕴含的不只是传道授业的师徒关系，也有情同父子的亲人关系，足见"师傅"在当时国人心中地位之重、感情之深。清朝以后，"师傅"则用来称呼工、商、戏剧等行业中传授技艺的人。此后，它的使用范围逐渐扩大，开始称呼从事某些行业和技术性工作的工人，如厨师、鞋匠、司机、维修工、建筑工人等。

新中国成立初期，国内经济凋敝，百废待兴，工人阶级在政治上当家做主，成为领导阶级，在经济上投身于社会主义工业化建设，起到中流砥柱的作用。此时，"师傅"作为对普通大众的称呼正好迎合了新中国初期工人阶级希望占主导地位的时代需求，因此与"同志"并存为中华人民共和国成立初期的主要社交称谓语，但其只局限于工厂和工人阶层内部。黄南松（1988：103）指出："中华人民共和国成立以来，汉人常用的社交称谓可以说经历了两次巨变。第一次是'同志'取代'先生、太太、小姐'。第二次是'师傅'这一称谓语迅速扩大适用范围，大有要取代'同志'之势（当然最终尚未取代），甚至有人管警察、解放军战士也称'师傅'"。这"第二次巨变"发生在"文化大革命"时期。

"文化大革命"的到来结束了"同志"称谓语的春天，而"师傅"这个行业称谓语开始走出工厂，走向各行各业民众的工作和生活。1968年，随着工宣队进驻学校、文艺界和科研单位，工人语域中的"师傅"语义由窄到宽、由具体到一般，取代了"同志"，在知识分子及各大城市迅速蔓延（陈建民，1990：32），成为广泛使用的社交称谓语。这一时期，"师傅"的地位之尊、指称对象之泛和使用范围之广达到了前所未有的地步。"师傅"的流行不仅体现了人们对工人阶级和体力工作者的尊敬和崇尚，而且填补了"同志"急剧撤退后在政治团结上留下的"语义空白"（Lee-Wong，1994：307），极大地满足了社会在特殊政治条件下对于通用称谓语的迫切需求。

改革开放以后，"师傅"的尊称地位开始下降，并让位于"先生"和"小姐"等，这不仅是多元化的价值观念在称谓语使用上的表现，也从一个侧面反映了改革开放之后的人们已不再唯技是尊，而开始强调多方面的能力与素养（李明洁，1997：43）。

祝畹瑾（1984：45）在 20 世纪 80 年代对北京地区"师傅"的使用情况进行了实地调查和分析，并总结出"师傅"的三种用法：第一种是传统用法，只用以称呼有技艺的老工人，语义成分为：＋师徒关系、＋尊敬、＋年长、＋男性、＋技术工人。第二种是扩展用法，狭义上用于同一行业或同一工作场所内部，表示同行之间的亲密关系，广义上则扩大到非同一行业的普通工人，语义成分为：＋工人、±尊敬、±男性、±年长、±同行。第三种是替代用法，包括部分替代和完全替代，前者用"师傅"称呼一般工人、服务人员，后者则完全取代"同志"，成为不分行业老少皆宜的社会通用称谓语，语义成分为：±工人、±尊敬、±男性、±年长。

如今，"师傅"主要用来称呼社会地位不高的一般服务人员（如营业员、售票员）、司机和工人（如建筑工人、维修工）等体力工作者。纵观"同志"和"师傅"一波三折的语义演变过程，相似之处在于二者都曾在某个时期作为风靡全国上下的通用称谓语而被公众普遍认可与使用，都是通过模糊或弱化社交双方的社会特征（如地位、年龄、性别）的方式，从而达到凸显社会成员之间人人平等与团结的目的；不同之处在于"同志"的扩散是有意为之，是政府的一种规划行为，而相比之下，"师傅"的扩散则属于自发行为（祝畹瑾，1984：47）。如"同志"的命运一样，"师傅"虽然迎合了社会的一时之需，终因行业意味过重而正慢慢退出公众视野，年轻人使用它的频率越来越低。

三、"先生"的语义演变

第六版《现代汉语词典》中，"先生"的主要义项为："老师""对知识分子和有一定身份的成年男子的尊称""称自己或别人的丈夫""旧时以说书、相面、算卦、看风水为业的人"等。由此可见，总体而言，"先生"主要是对有学问之人和德高望重者的尊称。

在《辞源》的释义中，"先生"最早是单音字"先"和"生"的连用，"始生之子，今犹言头生"。《诗·大雅·生民》："诞弥厥月，先生如达"，这里的"先生"指最先出生的孩子。大约到了先秦，"先生"开始具备称谓语的特征，起初用于指称"父兄"，如《论语·为政》："有酒食，先生馔，曾是以为孝乎？"此后，"先生"又逐渐演变为对"年长有学问之人"和"老师"的尊称，如《孟子·告子下》："先生将何之？"；《礼记·曲礼上》："从于先生，不越路而与人言"。除此之外，"先生"也指"文人学者的自称"及"妻子对丈夫的称呼"，如《史记·三代世表》："张夫子问诸先生曰"、《列女传·二楚于陵妻》："妾恐先生不保命也"。

到了近代，"先生"这一称谓语在"学问"和"德望"方面的专指之义逐渐消失，在社交场合的使用频率居高不下，开始用以称呼有文化、社会地位较高的人，且不分男女。尤其在"辛亥革命"以后，中华民国临时政府废除封建官僚称呼的陋习，要求男子以"先生"互称来取代"老爷"，在很大程度上推动了"先生"的流行。这一时期的"先生"作为雅称，主要用来称呼学堂的老师，以及有学问、身份和地位的男子，但也用来称呼学术界、知识界和文化界那些年长且享有极高声誉的女性知识分子（李明洁，1998：34），如宋庆龄先生、冰心先生、杨绛先生等。中华人民共和国成立前，"同志""先生"和"师傅"各司其职，分别指称党内人士、文化人士和传授手工技艺之人（王飒，李树新，2005：96）。

中华人民共和国成立后乃至改革开放前，"先生"这个称谓语因先天缺乏革命政治色彩，"曾一度将下层劳动人民完全排斥在外，成为一个特殊的言语社团或者阶级的专用语，已经被打上了深深的阶级烙印"（张微，2009：78），后天又先后受到"同志""师傅"等称谓语的排斥而陷入低谷，除了保留其最基本的"老师"含义之外，仅用于少数群体，如外宾、著名的民主党派人士等。

改革开放尤其是 20 世纪 80 年代以后，"先生"进入复苏期，使用范围和指称对象迅速扩大，成为一个全新的社交称谓语。它早已失去中华人民共和国成立初期和"文化大革命"时期的阶级与政治色彩，不再专指上层社会文化程度和社会地位较高的知识分子，而是主要泛化为对一般男性的尊称，在演艺界、商业领域和服务业等行业中盛行。

四、"小姐"的语义演变

在封建社会的不同时期，"小姐"曾有过不同的指称对象，从官女、妓女再到未婚女子，"小姐"的尊卑地位也是几经浮沉。两宋时期，"小姐"用于称呼社会地位卑微的女性，如歌伎、宫女、婢女和姬妾等。钱惟演《玉堂逢辰·荣王宫火》中记载："掌茶酒宫人韩小姐"，此处指官婢。马纯《陶朱新录》："有侍姬曰小姐"和岳珂《桯史》："恭有妾曰小姐"，两处均指姬妾。洪迈《夷坚志》："傅仇者，好押游，常与散乐林小姐绸缪"，此指歌姬和女艺人。到了元代，"小姐"的卑贱之义消失，逐渐演变为官宦或书香门第之家未婚女子的敬称。王实甫《西厢记》："只生得个小姐，小字莺莺"，此时的"小姐"与门第观念不可分割，专指出身尊贵的大家闺秀，这种尊称和专称的用法一直延续到 20 世纪初期。"五四运动"时期，随着封建制度的没落和西方民主平等思想的涌入，"小姐"一词不再局限于富贵人家的未婚女子，而是指称反帝、反封建、思想先进的年轻知识女性。

中华人民共和国成立后乃至"文化大革命"时期，由于政治历史原因，植根于封建社会土壤的"小姐"称谓语自然成为"思想落后、娇生惯养、好逸恶劳"的女性的代名词，因此彻底成为一个贬义称谓语，退出了当时的社交生活，取而代之的是"姑娘""闺女"和"同志""师傅"等。

20世纪80年代以后，随着我国经济结构的变化，以及东西方文化的相互交流与融合，"小姐"称谓迅速复出，并突破年龄、婚姻、职业、地位、收入等社会因素的制约，成为带有褒义的雅称和社会通用的女性领衔称谓语而传遍大江南北（丁艳，2006：58）。然而好景不长，复出后的"小姐"在指称服务行业的营业员时沾染了不良之风和低俗色彩，出现了语义贬值，并部分成为从事色情服务业女性的代称，如"一个天上人间'小姐'的忏悔"。

"小姐"称谓语的主要语义演变轨迹总结如下：地位低下女子的贱称→旧时缙绅仕宦家青少年女子的专称→青年女子的泛尊称。时至今日，"小姐"称谓语具有两面性，即褒贬共存：一种用于尊称，称呼一般女性或具有一定身份或地位的女性；另一种是贬称，即"三陪女"的代名词，此时"小姐"只能用作背称，即不能当面称呼某人为"小姐"。此外，"小姐"还用以称呼某种职业女性（职业＋小姐）和大型选秀活动中的优胜女性，如"香港小姐""环球小姐"等，这一称谓义项不能单独使用，而且日趋专有名词化。

在"小姐"褒贬的两面性中，究竟哪一种的语义社会认可度更高呢？樊小玲等（2004）在全国24个省会城市、直辖市对"小姐"面称词的使用情况调查后发现："小姐"在多数省会城市仍然具有正面意义，主要用于称呼一般的社会女性；"小姐"的泛尊称认同度与所在地区的女性的社会地位、社会开放程度、经济发达程度和地理位置接近沿海的程度皆呈正相关；在一般社交场合和事务性场合中，"小姐"和其他女性专称或社会通称并用，而在娱乐场所，"小姐"高频率使用。因此，从整个社会对"小姐"的认可度和使用情况来看，表示泛尊称的语义仍是主流，但"小姐"称谓语的健康发展和广泛普及需要进一步加以引导和规范，一则因为它与其他语言和国际社会高度接轨，二则因为汉语中存在相关泛尊称的缺环现象，它的持续语义贬值将使人们在交往中陷入更多的尴尬。因此，"小姐"的正面语义应该得到政府和媒体的大力引导和宣传。

五、"老师"的语义演变

"老师"起初是单音节字"老"和"师"的连用，"老"即长者，"师"最早为古代军队的编制，如"二千五百人为师"（许慎，1963：127），后又逐渐引申为地方行政长官、专掌一职之官和乐师。"师"的教师之义则大概起源于春秋战国末期，社会动荡导致官学的衰落和私学的兴起，专业化的教师队伍开始出现，如《国语·晋语一》："父生之，师教之，君食之"和《国语·晋语四》："文王在母不忧，在傅弗勤，处师弗烦，事王不怒"。此时的"师"虽然开始具有"老师"的语义，但只是单独使用，并不与"老"连用。

秦汉时期，"老"和"师"开始连用，用来描述传道授业的人。例如《史记·荀卿传》："田骈之属皆已死，齐襄王时而荀卿最为老师"和东汉应劭的《风俗通义·穷通第七》："孙卿善为诗、礼、易、春秋；至齐襄王时，而孙卿最为老师"。"最为老师"的用法表明了此时的"老师"并非面称用语，也不能单独使用。

"老师"作为一个特定和固定的称谓语开始于唐代，指宗教传授者或对僧侣的尊称，如王建《寻李山人不遇》："从头石上留名句，独向南峰问老师"。其随后泛指传授文化、技艺的人，韩愈《昌黎集·施先生墓铭》："自贤士大夫、老师宿儒、新进小生，闻先生之死，哭泣相吊"；元好问《遗山集·示侄孙伯安》："伯安入小学，颖悟非凡儿，属句有凤性，说字惊老师"，这两处"老师"均是对传授知识之人即教师的尊称。而在《新五代史·崔棁》："其乐工舞郎，多教坊伶人、百工商贾、州县避役之人，又无老师良工教习"，此处"老师"则指传授手工技艺之人。此外，在明清时期，"老师"也是"生员和举子对主试的座主和学官的称呼"，如王世贞《瓢不瓢录》："至分宜当国，而谀者称老翁，其厚之甚者称夫子。此后门生称座主俱曰老师"。

"老师"在专指教师方面也经历了一定的波折。中华人民共和国成立初期，"老师"作为对教育工作者的尊称开始在中小学使用；社会主义改造完成以后，"老师"取代阶级色彩浓厚的"先生"，在高等院校流行开来。"文化大革命"时期，教育事业遭受空前破坏，教师成为"人人喊打"的"臭老九"，其社会地位被严重践踏；"文化大革命"后，随着政府高度重视教育事业，教师的社会地位和待遇不断提高。如今，"老师"已成为一个社会泛尊称，从只称呼"从事教学工作和科学研究的人"泛化到对学校行政人员和工作人员的称呼，由以前的教师专称泛化为对有知识、有文化的非教师领域人士的尊称，在出版界、文艺界、新闻界和广播电视界等众多领域深受欢迎。其中，"老师"在文艺界的使用频率仅次于教育界，这可能与文艺界人士享有较高的社会地位并缺乏比"老师"更贴切的称谓有关，因为文艺界并没有"某作家""某演员"这种称谓（黄南松，1988：111），也从侧面反映了全社会尊师重教的风尚。

　　此外，"老师"在山东尤其济南地区的泛化程度更高，成为一个对陌生人普遍使用的尊称，但这种情形下其发音与普通话稍有不同，类似"老师儿"。在济南，无论对方是何种身份、职业或地位，喊一声"老师儿"，对方就会热心帮助你。反之，如果不能入乡随俗，则会被人视为不懂礼貌，如"他连声'老师儿'都不叫，我告诉他路干么？"这种现象可能与济南人深受"三人行，必有我师"的儒家思想有关；或者，"老师儿"是一个文化符号，体现了"济南人在相对封闭的环境中固守着齐鲁儒家文化的道德底线，汲取了作为职业的'老师'中的道德因素，嫁接到现代生活的习惯中去，实现了'中国传统的创造性转化'"。❶

　　《现代汉语词典》（第6版）对"老师"的解释为：对教师的尊称，泛指传授文化、技术或在某方面值得学习的人。纵观"老师"的语义演变之路可知，"老师"早期的"宗教传授者"或"僧侣"之义消失，而"传授手工技艺"之义也被后起的"师傅"所取代，如今只保留下"教师的尊称"，并进一步泛化为对

---

❶　徐颖颖，刘耀辉.专家:济南人喊"老师儿"是一个文化符号[EB/OL].（2011-10-28）[2017-09-03].
　　http://news.cntv.cn/20111028/11964.shtml.

有知识、有文化的非教师领域人士的尊称。"老师"的泛化之路可谓理所当然，从年老资深的学者→对传教者/僧侣的尊称→传授文化、技艺的人→教师的专称→泛尊称（某方面值得学习的人），语义的泛化过程表现出较强的继承性，既与知识、文化相联系，又包含尊重与亲切的感情色彩。

六、"老板"的语义演变

"老板"的起源可谓众说纷纭，一说认为其源于戏曲行业，"板"指"印书用的板片"，古时戏曲演员把自己的名号和剧种写于板牌之上，因而京剧名角和戏班班主就被称为"老板"。例如，吴祖光《风雪夜归人》第一幕中，玉春对京剧名伶魏莲生说："魏老板你真是好人。"也有人认为，"老"表示敬意，而"板"即"闆"，为商店之意，因此就以"老板"称呼店主。这两种说法虽有出入，但都揭示了"老板"作为"权威和管理者"的本义（李明洁，1997：45）。

晚清时期，随着资本的原始积累和雇佣关系的产生，"老板"逐渐演变为对私营工商业业主的称呼，表明雇主和雇工之间剥削与被剥削的资本主义关系。"老板"作为"拥权得势"者的代名词，用来称呼私营工商业财产所有者的用法一直盛行到新中国成立前。此外，"老板"也指地主和有一定地位、权势和金钱的人，这些义项一脉相承，都是对拥有金钱和权势之人的称呼。中华人民共和国成立后，尤其是社会主义改造开始以后，"老板"作为"剥削者"被贴上了"资产阶级"的标签，是社会主义的改造对象，成为人人唾弃的对象，因此这个含有资产阶级成分的称谓语在当时由于政治和阶级敏感性悄悄退出了历史舞台。

直到改革开放乃至 20 世纪 90 年代以后，随着我国以公有制为主体、多种所有制经济共同发展的基本经济制度的确立，经济成分开始多元化，个体经济、私营经济和外资经济都是推动我国经济发展的合法成分。因此，"老板"作为非公有制经济的拥有者和管理者，重登社交称谓的大舞台也是势在必行。

"老板"称谓语复兴之后，语义成分和指称范围发生了很大变化。一方面，它不再是"资产阶级"和"剥削者"的代名词；另一方面，随着人们对"老板"称谓语的认可，其使用范围迅速扩展到社会其他领域，可以指称非公有制经济成分的所有者，如企业董事长、工商业业主和个体户、小商小贩等，甚至可用来称呼国有、集体企业的负责人、党政机关的一把手、事业单位的主要行政领导以及高校理工科研究生导师（羿翀，2006：59）。

"老板"的泛化表明了市场经济氛围下人们对财富、身份和地位的认可与崇尚，反映了人们追求利益与效率至上的价值观念。这未尝不是社会的进步，只是"老板"频频出现在党政机关、国有企业和大学校园的现象的确令人担忧。近年来，有些媒体报道我国个别党政机关中"老板"等商业化称谓不断增加，互称"同志"的党内优良传统日渐减少。党内称呼的变化，实质上是因称呼观念的变化而起，这种称呼的背后实际上是党政机关和国有企业上下级之间复杂微妙、甚至庸俗的社会关系，反映出金钱崇拜和权利崇拜意识对党内民主和平等观念的侵蚀。此外，在高校，理工科研究生称谓自己的导师为"老板"；在科研机构，科研人员把项目负责人或院系领导称之为"老板"，源于导师与研究生之间存在类似于雇主与雇工的关系，这种"准老板"的管理方式犹如企业在高校和科研机构的缩影，折射出高校师生关系的简单化与功利化，以及市场经济环境下人们思想和价值观念的扭曲。

七、小结

语言作为社会文化发展过程中的一个动态因子，无时无刻不在反映社会和文化的变化。称谓语则是语言系统中最为动态、开放的词汇系统的一部分，自然要体现时代变化的特征，而且在政治制度、经济变革、价值观念、思维方式等社会因素发生变化的时候受到相应的冲击。因此从某种程度上来说，每个称谓语背后都蕴含着一种价值观念。哪一种观念流行起来了，哪一种尊称就"泛"了起来（刘大为，2000）。称谓即是社会转型和价值观念的缩影，不仅反映了人与人之间的关系，也见证并记录了中国社会的变革与发展。

本章以"同志""师傅""先生""小姐""老师"和"老板"6个主要的通用社会称谓语为例，从历时的角度分析了它们的起源、语义演变及在不同时期的使用状况，以此揭示国人称谓观念的变迁轨迹。总体而言，社交通用称谓语的语义演变和使用范围主要与我国不同历史时期的政治经济制度和意识形态息息相关，而"同志"就是平等的社会主义文化背景下最权威、最通用的社交称谓语。"文化大革命"时期，"师傅"代替"同志"成为当时最安全、最受欢迎的社会通称，完全符合我国当时的国情。改革开放以后，国家工作重心的转移、政治氛围的宽松，以及中外日益频繁的经济往来给人们带来全新的生活方式、价值观念和人际关系，"同志"和"师傅"不再一统天下，其使用范围急剧缩小；"先生"和"小姐"褪去阶级色彩，以一种时尚、高雅的面貌重新复活；"老师"和"老板"也已不再是专称，泛化为现代社会比较流行的社交称谓语。

从"同志""师傅""先生""小姐""老师"和"老板"这些称谓语在半个多世纪的语义演变中，我们不难发现称谓语的命运与社会环境密不可分，被经济、政治、文化、价值观念和意识形态等打上了深深的烙印，是记录社会发展和变化的"活化石"。人们从称谓语的潮起潮落中不仅可以了解称谓语本身的发展变化，更重要的是能够触摸到社会变迁的脉搏。

如今，传统称谓语"同志"和"师傅"已成为特定时代的产物而在人们的记忆中渐行渐远，取而代之的是"传统西方式称谓的复活"和"专指性尊称的泛化"（胡范铸，胡玉华，2000：115）。社会上并没有类似于"同志""师傅"这样一些被公众普遍认可与接受、使用时不必绞尽脑汁的通用称谓语，人们越来越尴尬地发现自己常常陷入了称谓困境。"旧的称谓观念（等级制度）和新的称谓观念（平等原则）相互碰撞，全新的称谓原则始终没有完全建立，新的语言伦理价值体系一直处于重建过程中"（马宏基，常庆丰，1998：171）。称谓语规划具有国家语言战略意义，有关政府部门应该加强汉语通称的语言规划，因势利导，转变整个社会的称谓观念，鼓励使用"先生""小姐""女士"等与国际社会接轨的平等称谓模式，这不仅有助于克服当前社交称谓的混乱和缺环现象，推进汉语社会称谓语的规范及汉语称谓新秩序的建立，而且有益于中国社会的发展，有益于建立平等和谐的人际关系。

第三章　汉语的称谓困境

在校园待久了，就变得浅于世故，少通人情，校园里称呼周围的人不是"老师"，就是"同学"。可是，走出校门，如何称呼他人就成了开口说话的第一个问题，一个恰当的称谓语会让彼此的交流融洽而高效。但受性别、年龄、职业，以及社会变动和价值观念等具体因素的影响，越来越多的人在称呼他人时犹豫不决，甚至陷入无称可呼的尴尬境地。由此可见，日常社交称谓已经成为一个不可或缺的环节。

实际上，这种现象早就引起了学术界诸多学者的关注，陈建民（1989：34）提出了称谓缺环的说法："在社交称谓中，有实无名的缺陷（即缺环）仍尖锐存在"。之后，马宏基和常庆丰（1998：163）在《称谓语》一书中使用了"称谓语的困境"这一说法。

各位学者的探讨研究，虽然名称各异，"缺环"也好，"困境"也罢，类似的叫法还有"空缺"和"缺位"，实则却为同一所指。本书选取"称谓困境"一说，并将称谓困境归纳为称谓缺项和称谓选择困难两个方面，并针对两种不同的情况提出相应的解决办法。

一、称谓缺项

　　称谓缺项指称谓系统中缺乏某一规范的、社会大众总体上认可的称谓词。例如，对于男老师的配偶，"师母"这一称谓已基本获得人民群众的认可，但是学生该如何称呼年轻女老师的爱人？汉语各地方言中有"师公""师爹""师父""师长"等说法，但普通话的称谓系统却一直存在缺项。遇到女老师的爱人，学生常倍感尴尬，不知该称呼什么，只能绞尽脑汁，有很多人动用了"老师"这一称呼，使其语义泛化至了女老师的爱人身上；还有人动用了"叔叔""姐夫""哥"这几个面称词，也有人使用"您爱人""您丈夫""老师爱人"这些背称，这一困境主要是因汉语称谓系统的缺项而起。

　　究其原因，主要是以前的私塾先生或教师主要为男性，所以当时不需要一个与"师母"相对应的称谓语。随着社会的进步，男女分工日趋相近，男女社会地位日益平等，越来越多的女性走上三尺讲台，这时社会就产生了需求。究竟该如何称呼女性教师的配偶，至今社会中没有一个明确的、规范性的选项，以至于当学生面对女老师的配偶时，仍然会面临不知如何开口称呼的困境。在笔者最近的一项调查中，来自全国的 2580 人中，31.59% 的人选择"地方方言中没有学生可用来称呼女老师爱人的称呼语"；33.6% 的人选择使用"老师"（这是其泛化用法）；16.82% 的人选择"师公"；而选择"师父""师爹""师长"

等的人数比例均很低。可见，所有这些可选项中，"师公"的使用范围相对较广泛，具有较好的推广基础，可以作为填补空位的最佳选择。崔显军（2009）从历史基础、历史条件、现实基础、报刊实证和电脑输入词形等方面详细讨论了"师丈"有充分的理据来进行补位，而我们的调查却发现当前仅有3.14%的人选择这一称呼语。

二、称谓选择困难

称谓选择困难指在某种社交场合，说话人在选择称谓系统中现有的称谓语时不清楚哪个称谓语更为得体，出现选择性困难。在现实生活中，尴尬的称谓困境在很多社交场合存在。例如，在大学校园里，如何称呼行政人员、图书馆工作人员、后勤人员等，也是一件令人头疼的事。学生可以称以上人员为"老师"，能够讲得通，但高校教师该如何称呼他们便成了问题。笔者曾经目睹一位新老师向校门口站岗的一个年轻门卫询问一号教学楼在哪里，称呼其为"师傅"。那位老师走后，年轻门卫还跟同伴小声嘀咕："我又不是开车的老司机。"可见，年轻门卫对"师傅"这一称呼并不买账。其实，此例中称呼者的选择可能也是无奈之举吧！

再如，中华人民共和国成立初期，"同志"曾被广泛使用，深受人们喜爱，可如今它早已不能再随便用来称呼他人了。你若在网络聊天室招呼一声"同志"，便会受到许多网友的追求与爱慕，可见"同志"的意味早已不是单纯的同心同德、并肩前进的人。同样尴尬的还有"小姐"这个称谓，本来是大家闺秀的雅称，后来却带有上色情的味道。另外，现在上了年纪的女人不喜欢被叫老了，有官职的人不想在称呼上被平民化了。人们之间的社会关系、年龄、职位、身份地位等因素的变化都会使人们陷入称谓选择困难的境地。

陈建民（1990:23）提出，医院里不分职责地称呼大夫和护士均为"大夫"是不可取的，可是有些护士又不爱听别人称呼"护士"，认为"护士"是端屎、端尿、服侍病人的。除此之外，许多服务业的工作人员也没有属于自己的特定称谓方式，对于现在的理发造型师、餐厅酒店的工作人员，以及众多社会新兴服务业的工作人员，"服务员"这一称谓显然已经不能广而用之。面对同样问题的还有一些体力劳动者，如建筑工人、装修工人、管道维修工人、汽车维修工人等。如若现在仍称呼其为"盖房子的""装修的""修管子的"或者"修汽车的"，则与当今文明和谐平等友善的社会主义价值观相违背。在这些情况下，"师傅"可作为更恰当的选择。

在日常生活中，不论是故交还是新友，总会面临一些不知该如何称呼对方的场合。除了系统缺少可选称谓的称谓缺项这一缘由，还会因为称谓体系庞杂，考虑因素众多而不知该如何恰当地选择称谓。下面笔者将称谓选择困难分不同情况进行讨论。

（一）如何称呼陌生人

在一般的公共场合，对于一无所知的陌生人，若想与其攀谈，选用一般社会称谓还是拟亲属称谓语，想必是大家考虑的首要问题。然而，当"同志""小姐""美女"这些社会称谓语的含义不再那么纯粹时，在使用时就要三思而后选。例如，就像上文中提到的年轻门卫不乐意别人称其为"师傅"，可想而知一个学富五车的大学教授可能更不愿意被称为"师傅"了。

在这种情况下，是否可以考虑使用拟亲属称谓呢？毕竟这类称谓无形中会拉近会话双方之间的距离，而事实并非如此简单。马宏基和常庆丰（1998：48）介绍了拟亲属称谓语的由来："不同姓的几代人长期定居于某处，从事农业生产，过着自给自足的生活，形成了封建社会的自热村落。村落中的人与人之间，达到了非常熟悉的地步，形成了类亲属的关系，彼此间就开始用亲属称谓语称呼。"可见，村民们相互依赖程度较高是当初拟亲属称谓兴起的重要原因。泛化的亲属称谓语的运用上，"一般说来，农村地区的泛化比城镇普遍，受教育程度低的居民的泛化比受教育程度高的普遍"（潘攀，1998：36）。可见，社会成员对拟亲属称谓的评价不尽统一。如今都市的高楼大厦已隔断了都市人的亲密联系，相互依赖程度大为降低，导致很多拟亲属称谓在都市遇冷。若在高档写字楼里称呼一位不相识的中年女性为"大婶"，想必招来的可能是白眼而不是微笑。目前，社会接受度尚高的可能只有"叔叔""阿姨""哥""姐""爷""奶"等几个拟亲属称谓语了。其中，"奶"称谓基本限于小孩子称呼年老的妇女了。

（二）如何称呼泛泛之交

俗话说"人之相识，贵在相知"，可若相知甚少，便只能算泛泛之交了。称呼泛泛之交或点头之交，不能过于亲近，也不能像对待陌生人一般，选择一个恰到好处的称谓语便显得尤为重要。

每一个刚刚踏入职场的新人，为了更多地积累经验，更好地打通人脉，总需要在人际交往上主动一些，当面对领导还好，起码可以称呼其职衔，而对于和自己平级的老员工，该如何称呼他们便成为"破冰之旅"的关键一步。若第一次见面便称呼"哥""姐"，则不免有些唐突，若直呼其名则不免有些生硬。不仅新人，哪怕是在职场摸爬滚打数十年的老员工，在称谓问题上也有诸多烦恼。如果是非同龄的同性同事，相互之间只称呼名字而不带其姓氏，则显得亲近自然；但若是非同龄的异性同事，尤其是当一方的名仅为一个字时，若只称呼名，就使人很难划清亲近自然与暧昧传情的界限了。再就是如何称呼只有几面之缘的男领导的配偶？"夫人"和"太太"都显得过于庄重。若领导的配偶年纪尚轻，此类称呼恐怕会招致对方不悦。若此时选用拟亲属称谓，又显得太过亲密。如此等等，不一而足。

（三）如何称呼熟悉的人

人生相逢的缘分不仅是与陌生人建立一面之谈，或应付泛泛之交，更包含和熟悉亲近者的你来我往。来往多了，就需要一个恰当的称谓语去称呼对方。对于最熟悉的亲人，亲属称谓最合适不过了。中国的亲属称谓源远流长，上下有别、长幼有序。这些伦理观念为后人如何称呼亲人提供了指导原则。可是，当现实打破了传统，辈分和年龄产生了冲突，称谓选择的困难会让人不知所措。同龄却不同辈分就使双方面临称谓选择问题了。亲属关系中辈分小、年龄大的一方该怎样得体地称呼辈分大、年龄小的一方呢？还有，在如今老夫少妻的超常婚姻中，中国台湾地区作家李敖该如何称呼其妻子王小屯的父母？杨振宁与小其54岁的翁帆结了婚，又该如何称呼翁帆的家人？

人们的身份、职业或性别发生变化时，同样会产生称谓选择问题。一个人的社会角色总在发生变化，例如，称呼社会上性别取向特殊或者有过变性手术经历的人呢？在一个单位内部，横向的亲疏关系和纵向的权势关系变化都会引起称呼语的选择困难。之前关系亲密的同事变得疏远了，可能会导致双方的称呼模式向后退；升职或者降职的员工如何称呼之前平级的同事呢？这也会让双方纠结不已，尤其是职位较低的一方。

职场称谓选择困难的问题还没解决，柴米油盐的家里也面临着称谓困境，例如，该怎样跟别人称谓自己孩子的爷爷、奶奶、七大姑、八大姨呢？"这件衣服是孩子姑姑买的。""今天放学是孩子爷爷接的。"这些从儿称谓虽然能够表达意思，但与言语交际的经济性原则相悖，影响称谓使用的便捷性。美国学者Zipf（1949）认为，人们交际时总是倾向于选择既能满足言者完整表达又能满足听者完全理解所需的最少语符，这就是语言的经济性原则。想想这样一句话："孩子爷爷告诉孩子，孩子奶奶在孩子姑姑家住几天。"不仅说话人说起来啰唆拗口，也着实让听话人听着别扭。此外，在称呼孩子同学的父母时，从儿称谓的说话方式也很常见，但是同样也不符合语言的经济性原则，想必困扰着不少人。

（四）如何称呼党政机关人士

当今，中国的公务员群体中存在个别的称呼乱象，可先从小说《二号首长》第二卷中的一个例子窥豹一斑。

"肖斯言说，何止于此？当秘书的学问，实在是太大了。几乎每一件小事，都是学问，比如对领导的称呼。

他刚刚说了这句话，唐小舟立即说，对对对，这正是我要问你的。今天我见赵书记，我想，如果叫他书记，显得太公事公办了。所以，我就叫他首长。谁知道我叫了几次，他就纠正我，说我们可能很长时间在一起工作，这样叫不好，以后最好叫他德良或者德良同志。我一听，汗差点流成了黄河。这怎么行呢？叫德良？我的天呀，这岂不是说，自己和赵书记平起平坐，是哥们？肯定不行。叫德良同志？那是中央政治局委员或者省委常委们叫的，而且，就算是省委常委，不是非常特殊的身份，大概也不敢这么叫。我如果也这样叫，调子太高了吧。

肖斯言说，是的。对领导的称呼，确实是个很大的学问。你叫书记？太工作化太生疏的感觉，叫名字加上同志？把自己的位置摆得太高了，其实，最好的方法，是叫老板。

徐雅宫说，我不喜欢老板这个称呼。人家资本家才叫老板，现在把领导都叫老板，不伦不类，总让人觉得怪怪的。

肖斯言说，你错了，老板并不完全指那些资本家，所谓老板，是由外语中的BOSS而来的。BOSS在英文中有好多种意思，工头、领班、老板、上司，最主要的意思，是头儿、主子、做主的人。前一种意思，接近于资本家，而后一种意思，就是主子。叫主子不好听，叫老板，就好听多了，其实，也就是主子、主人的意思。你想想，叫老板，立即就将自己和领导之间的身份摆明了。

徐雅宫哦了一声，说，难怪大家都叫老板，其实，这个老板称呼，和古时候的主子奴才，是一个意思。

肖斯言说，但是，到了省一级领导，还真不能随便叫老板。

唐小舟问，那叫什么？

　　肖斯言说，这要根据环境、情景和情感而定。非常私人的场合，又和领导关系很密切，那可以叫老板。至于什么时候什么场合怎么叫，恐怕得灵活掌握。以我的经验来看，多几种称呼，比较好一点。但又不能太多，大概有三种称呼，是比较适合的，一是官职，二是首长，三是老板。

　　唐小舟想一想，还真是如此。他问，那什么时候叫哪种称呼比较好？

　　肖斯言说，这就要看语境了。如果在一个很公开的场合，你叫他老板，他可能非常反感，觉得太流俗，贬低了他的身份。如果是在很私人的场合，你叫他书记，显得太公事公办，叫他首长，显得太隔膜，叫老板，就亲切。而有重要人物在场的时候，又是比较私密的场合，把所有领导全部叫首长，肯定好过别的。相反，如果有更高级领导在场，而这个高领导和老板的关系又不是非常亲密的情况下，肯定叫官职比较好。"

　　现实中个别现象和小说中的描写如出一辙，公务员群体中的确存在称呼选择困难的情况，而且司空见惯。曾有多家报纸指出，当前党政机关人士的称呼行为出现了三种不好的苗头。第一是称呼商业化，如称呼领导"老板"，错将官场当商场；第二是帮派化倾向，如称呼领导为"老大""大哥"等，错将官场当江湖；第三是称呼庸俗化，如使用"总管""干爸""干妈"等庸俗称呼。"语言是潜在思想意识的外化，称呼是思想作风和党性修养的折射。称'老板'反映的是党内关系的市场化、同事关系的雇佣化；称'老大'反映的是党内关系的江湖化、上下级关系的人身依附化；称'哥们''兄弟'则往往自觉不自觉强化宗派意识甚至帮派意识"。❶公务员本都是服务于百姓的人民公仆，工作中又怎么能随意改变"身份"？公务员该如何相互称呼？"同志"一词是否又能被情愿接受呢？这些称谓问题真不容小觑。

三、称谓无小事

正所谓"名不正则言不顺，言不顺则事不成"，因此称谓无小事。虽然新时期的中国社会不再强调"尊卑有别、贵贱有差、长幼有序"的封建思想，但受儒家文化等的历史影响，如今的中国社会仍然带有深深的等级烙印。姚亚平（1995：97）指出，汉语通称的长期缺乏折射出语言现状和语言伦理之间的矛盾，反映了中国人缺乏以同一眼光看待所有人的伦理观念，表明汉语交际尚未形成新型的语言伦理规范。因此，称谓作为思想的载体，不同的称谓反映不同的价值观念，导致人们在选择一个合适称谓时需要考虑太多的因素。由此，称谓选择困难从表面来看是个人选择问题，但实质上表现了整个社会的全局性困境，恰恰是因为整个社会没有及时做出选择，才造成了个人层面的称谓选择困难。

---

❶　人民日报大家谈：称呼庸俗化，如何来根治 [N]. 人民日报，2014-05-19（5）.

四、小结

　　沉疴痼疾需要对症下药。放眼现实，汉语称谓困境尴尬了每一个社会有心人！而走出称谓困境，个人的力量远远不够，需要整个社会尽快做出选择。具体来说，第一，称谓缺项可采取补位的措施，启用旧的称呼语或者推广地方称呼语，如推广"师公"的使用范围。新时期汉语称谓体系的完善若无政府助力，则很难在短期内完成。第二，称谓选择困难的解决，则需要政府部门加强称呼语的规划，加强宣传和引导，如推广"先生""小姐""女士"等通称。同时，语言工作者也需要在调查语言现状的基础上提出合理的称谓语规划建议。

第四章 汉语通称的使用现状调查

近年来针对汉语通称使用状况的大规模社会调查相对较少，其使用现状需要补充研究，这样有助于揭示汉语通称的最新语义演变情况。

一、研究问题

为了了解汉语通称在当前中国社会的使用现状，我们在全国进行了一项大规模的问卷调查，调查的汉语通称包括"同志""师傅""先生""女士""小姐""老师""老板""美女""帅哥""亲"和拟亲属称呼语（例如阿姨、叔叔、×哥、×姐）。研究问题包括：① 当前汉语通称使用频率如何？② 国人对汉语通称的喜欢程度怎样？③ 当前汉语通称的首要指称义是什么？

二、研究方法

本次问卷调查采取微信问卷和纸质问卷相结合。问卷分为四个部分。第一部分考察通称的总体使用频率，采用李克特5级量表：5分＝总是，4分＝经常，3分＝有时，2分＝偶尔，1分＝从不。第二部分调查人们对通称的喜爱程度，亦采用李克特5级量表：5分＝非常喜欢，4分＝喜欢，3分＝一般，2分＝讨厌，1分＝非常讨厌。第三部分列出十个通称的主要语义成分，要求答卷人选择每个通称的首要指称义。问卷按照中国七大自然地理区域(华东地区、华北地区、华中地区、华南地区、西南地区、西北地区、东北地区）搜集，共成功回收2580份有效问卷，调查对象来自不同的年龄段、性别、学历和职业背景。问卷的发放和回收时间为2017年5月至2017年7月。

三、结果与讨论

下文统计分析了通称的使用频率、受喜欢程度和通称的主要语义成分。

（一）通称的使用频率

上述通称的使用频率及排序如表 4.1 所示，使用频率满分为 5 分。

表 4.1 通称的使用频率均值及排序

通称	均值	排名
拟亲属称呼	3.52	1
美女	2.96	2
师傅	2.92	3
老板	2.73	4
帅哥	2.67	5
老师	2.6	6
亲	2.47	7
先生	2.23	8
女士	2.01	9
小姐	1.73	10
同志	1.64	11

（注：使用频率：5 分 = 总是，4 分 = 经常，3 分 = 有时，2 分 = 偶尔，1 分 = 从不）

如表 4.1 中，在所调查的所有通称中，拟亲属称呼语的使用频率最高，排在第一，均值 3.52，接近"经常使用"。这一结果再次体现了拟亲属称呼语在中国社会人际交往中的重要性。"美女""师傅""老板""帅哥""老师""亲"

六个称呼语的使用频率也较高，均值接近"有时"，体现了其较高的流行度。"先生""女士"的使用频率均值分别为 2.23 和 2.01，仅高于"偶尔"，这是来自全国各行各业的大数据计算出来的结果，而不是仅局限在服务行业，基本上反映了这两个称呼语在当前中国社会的使用现状。

值得注意的是，本实证调查发现"小姐"和"同志"两个称呼语的使用频率排在倒数两位，均值分别为 1.73 和 1.64，使用频率远低于"偶尔"。在"小姐"的使用方面，52.87% 的人选择"从不"使用，28.45% 的人选择"偶尔"，11.82% 的人选择"有时"，6.09% 的人选择"经常"，仅有 0.78% 的人选择"总是"。可见"小姐"争议极大，当下国人对其褒贬不一。在"同志"的使用上，54.3% 的人选择"从不"，选择"偶尔、有时、经常、总是"的人数比例依次为 32.09%、9.34%、3.37% 和 0.89%，可见"同志"的使用频率之低！它正逐渐演变为一个非常政治化的称呼形式。"小姐"和"同志"两个称呼语目前均面临着严峻的现实考验和未卜的前途。

（二）通称的受欢迎度

表 4.2 统计了 2580 位人士对通称的喜欢程度，满分为 5 分。

表 4.2 通称的受欢迎度均值及排序

通称	均值	排名
拟亲属称呼	3.46	1
师傅	3.29	2
先生	3.29	2
老师	3.29	2
女士	3.25	3
美女	3.15	4
帅哥	3.1	5
老板	3.07	6
亲	2.99	7
同志	2.87	8
小姐	2.58	9

（注：喜欢程度：5分＝非常喜欢，4分＝喜欢，3分＝一般，2分＝讨厌，1分＝非常讨厌）

在表 4.2 中，最受欢迎且争议最少的依然是拟亲属称呼，受喜欢程度的均值为 3.46，介于"一般"和"喜欢"之间。选择"非常喜欢、喜欢、一般、讨厌、非常讨厌"拟亲属称呼的人数比例分别为 7.91%、37.4%、49.3%、3.6%、1.78%。这些数据充分说明了拟亲属称呼的受欢迎程度之高。

"师傅""先生""老师""女士""美女""帅哥"和"老板"7 个称呼语的受喜欢程度均值都略高于 3 分，但其各自最高比例的选项均为中数"一般"。一方面，这可能体现了整个中国社会对这些称呼语的中庸态度；另一方面，数据的分布也表明当答卷人态度模棱两可时，中数容易成为其最终选项，这可能是使用李克特 5 级量表测态度值容易出现的一种情况。需要强调的是，相对于排名在最后三位的称呼语来说，这 7 个称呼语被"喜欢"的比例相对更高。

"亲"的均值为 2.99，几乎等于 3，其"非常喜欢、喜欢、一般、讨厌、非常讨厌"的比例分别为 4.69%、22.21%、50.23%、13.45%、9.42%。数据表明，"亲"的社会评价出现多样化，一半的被调查者态度居中（50.23%），剩下的调查者中有爱之者（26.9%），有厌之者（22.87%）。这与现实基本相吻合。

与上文的使用频率相一致，"同志""小姐"的社会评价最低。本次调查证明了使用频率和态度评价之间存在相关性。"同志"受欢迎度均值为 2.87，其详细比例分布为：非常讨厌 6.82%、讨厌 10%、一般 73.88%、喜欢 7.98%、非常喜欢 1.32%，情况不算太糟糕，毕竟选择"一般"的人数为 73.88%。然而，"小姐"的社会评价可不容乐观，受欢迎度均值为 2.58，为倒数第一，各个选项的比例：非常讨厌 12.6%、讨厌 26.59%、一般 52.05%、喜欢 7.4%、非常喜欢 1.36%。其中，"非常讨厌"和"讨厌"两项合计 39.19%，比例之高，让人惊讶！

（三）通称的主要语义成分

在本次调查中，人们对每个通称的首要指称义都做出了选择，数据揭示出了每个通称主要语义成分的排序。

表 4.3　通称的主要语义成分及排序

通称	语义顺序	语义成分	百分比（%）	人数
同志	1	称呼同一政党成员	48.45	1250
	2	我国公民间的一般通称	24.11	622
	3	指称同性恋人士	16.43	424
	4	其他	11.01	284
师傅	1	有技艺的老工人	35.58	918
	2	普通工人、体力劳动者	33.06	853
	3	服务行业人士	19.46	502
	4	我国公民之间的通称	9.26	239
	5	其他	2.64	68
先生	1	对成年男性的通称	50.93	1314
	2	知识分子、有一定身份的成年男性	39.81	1027
	3	对老师的尊称	2.48	64
	4	有身份、有声望的女性	2.17	56
	5	其他	4.61	119
小姐	1	一般年轻女性	43.1	1112
	2	专指从事色情行业的女性	33.68	869
	3	服务行业的女营业员、服务员等	15.54	401
	4	其他	5.54	143
	5	地位较高的女性	2.13	55
女士	1	对女性的尊称	72.87	1880
	2	年龄较大的女性	23.1	596
	3	其他	2.21	57
	4	年轻的女性	1.82	47

（续表）

通称	语义顺序	语义成分	百分比（%）	人数
老师	1	对教师的尊称	45.66	1178
	2	称呼有一技之长的人	31.74	819
	3	称呼文艺界、新闻界、出版界值得学习的人	14.65	378
	4	对一般社会成员的泛称	6.51	168
	5	其他	1.43	37
老板	1	私营企业的员工对企业主的称呼	71.28	1839
	2	一般社会成员的通称	13.6	351
	3	其他	6.01	155
	4	党政机关、国有企业职员对上司的称呼	4.65	120
	5	高校学生对导师的称谓	4.46	115
美女	1	年轻女性，无论是否貌美	51.51	1329
	2	女性的通称	33.49	864
	3	年轻貌美的女子	13.1	338
	4	其他	1.9	49
帅哥	1	年轻男性，无论是否英俊	53.14	1371
	2	男性的通称	28.45	734
	3	年轻英俊的男子	16.2	418
	4	其他	2.21	57
亲	1	网络购物时的称呼	55.31	1427
	2	称呼关系亲近的人	23.45	605
	3	一般社会成员的通称	12.09	312
	4	有相同兴趣和爱好的人	5.66	146
	5	其他	3.49	90

"同志"的首要指称义为"同一政党成员的称呼语",共48.45%的人选择这一语义成分,表明它已经演变为一个主要与政治有关联的称谓词。它的第二指称义是"我国公民间的一般通称",比例仅为24.11%,表明这一语义已进一步变窄。第三语义为"指称同性恋人士",所占比例不低,16.43%,体现了它经历的进一步语义降格。

"师傅"的首要指称义是"有技艺的老工人"(35.58%),第二指称义是"普通工人、体力劳动者"(33.06%),第三指称义为"服务行业人士"(19.46%)。"我国公民之间的通称"(9.26%)这一语义成分仅排第四,表明曾经在全国各行各业风靡多年的"师傅"出现了语义变窄、回归的现象。

"先生"的首要指称义为"对成年男性的通称"(50.93%),其次为"知识分子、有一定身份的成年男性"(39.81%),二者合计高达90.74%,表明这一称谓词较多用在社会地位较高的成年男性身上,其使用范围可向底层劳动人民推广,但前提是社会进步到一视同仁、平等的称呼观念深入人心。

"小姐"的首要指称义为"一般年轻女性",但其43.1%的比例已经非常低了。第二语义为"专指从事色情行业的女性",比例为33.68%,这一比例甚高。这两个数据都表明"小姐"的语义在持续快速贬值,社会评价越来越低。如前所述,汉语中多年来就一直存在称谓困境的现象,在当今国际化时代,汉语称谓系统不能允许"小姐"这一称谓语继续贬值,因为如果那样的话,国人的称呼行为和国际交往会面临一些混乱和窘境。称呼语规划迫在眉睫!

　　"女士"的语义成分顺序依次为：对女性的尊称（72.87%）、年龄较大的女性（23.1%）、其他（2.21%）、年轻的女性（1.82%）。"对女性的尊称"这一第一指称义比例较高，表明其既可以用在年轻女孩子的身上，也可以用来称呼中年或年龄较大的女性，其语义基本无太大争议。在"小姐"饱受争议的时代，"女士"对其有补位的功能。

　　"老师"的语义特征顺序依次为"对教师的尊称"（45.66%）、"称呼有一技之长的人"（31.74%）、"称呼文艺界、新闻界、出版界值得学习的人"（14.65%）、"对一般社会成员的泛称"（6.51%）、其他（1.43%）。从中可以看出，在当前汉语通称缺环、国人称谓观念多样化、称呼行为莫遵一是的大背景下，"老师"经历了进一步的语义泛化。第一语义的占比已不到50%；第三语义历来已久，但其比例已有大幅下降；"称呼有一技之长的人"已升为第二语义成分，且占比31.74%较高，表明社会中有一技之长的人常可称之以"老师"，如理发师等。但是，以上数据表明，"老师"在全国范围内"指称一般社会成员"的用法尚不普遍。

　　"老板"的语义泛化程度还不高，71.28%的人选择其首要指称义为"私营企业的员工对企业主的称呼"，选择"一般社会成员的通称"人数仅占13.06%，而"党政机关、国有企业职员对上司的称呼"和"高校学生对导师的称谓"这两类用法仅分别占4.65%和4.46%。

　　"美女"和"帅哥"两个通称均出现语义泛化、语义贬值的现象。以前，

"美女"绝不能随随便便用在一般的年轻女性身上，而且即便使用，主要还只是用于对貌美女子的背称，并不能用于面称。我国古代公认的四大美女为西施、貂蝉、王昭君、杨玉环，其容貌可以"沉鱼、落雁、闭月、羞花"。邵敬敏（2009）证实，"美女"的面称用法在2000—2001年明显增多，之后使用频率呈现上升趋势。而且，用作面称时，语义已经泛化，被称呼者不一定貌美如花。本次调查也证实它已演变成为一个女性，尤其是年轻女性的通称。选择"年轻女性，无论是否貌美"这一语义的人数比例为51.51%，选择"女性的通称"人数比例为33.49%，而选择"年轻貌美的女子"相应比例仅为13.1%。从中可见，这一面称如今的语义泛化程度之高。"帅哥"的语义泛化历史与"美女"类似。以前，它仅用在英俊的年轻男子身上，而当前却可以随意用在男性，尤其是年轻男性身上。本次调查结果中，其数据分布与"美女"惊人地相似：53.14%的人选择"年轻男性，无论是否英俊"作为其首要指称义，28.45%的人选择"男性的通称"，选择"年轻英俊的男子"这一传统语义的人数仅占16.2%。

　　"亲"也是21世纪初新加入汉语称谓系统的一个通称。本次调查中，其主要语义成分顺序为："网络购物时的称呼"（55.31%）、"称呼关系亲近的人"（23.45%）、"一般社会成员的通称"（12.09%）、"有相同兴趣和爱好的人（5.66%）"。从中可以看出，"亲"当前主要用于网络购物中店主和顾客的互称，原因一是因为它用起来简短省力便捷，符合语言的经济性原则，二是因为当前汉语的称谓困境，在网络购物这个语域中没有比之更合适的通称。

四、小结

本次调查可得出有关汉语通称使用现状和语义演变的五个特征。

（1）拟亲属称呼语在中国文化和中国社会中依然至关重要，其使用频率和受喜欢程度皆稳居第一，其社会评价争议较小。

（2）"师傅"的使用频率和受欢迎度均排在前三，表明了它在当今汉语称谓系统中的重要地位。尽管当前它的使用范围在进一步缩小，语义出现了回归，但相对于"同志"来说，它的命运经受住了时代的考验。当今，汉语通称缺位，"师傅"在中国人人际交往中的重要作用更显得弥足珍贵。

（3）汉语通称出现大面积的语义降格。最突出的当属"同志"和"小姐"。16.43%的人选择"指称同性恋人士"作为前者的首要指称义，33.68%的人选择"专指从事色情行业的女性"作为后者的首要指称义。"美女"和"帅哥"不再强调容貌出众，仅侧重性别差异。同样，"老师"不再强调高学识或授业解惑，只要有一技之长就可以呼之为师。这些都是语义降格或贬值的体现。

（4）21世纪以来，人们的称呼观念多样化，流行的通称用语依次更迭。"美女""帅哥""亲"先后异军突起，风靡中国，但随着其语义的贬值，越来越多的人对之产生反感，一些新的称呼词被创造并流行起来，如"女神""男神"。

（5）"先生""女士"因格调高雅，尽管使用频率不算太高，但其受喜欢程度较高，二者具备较好的培育和推广基础。在调查的 2580 人中，86.63% 的人愿意接受"先生"作为成年男性的通称，83.95% 的人愿意接受"女士"作为成年女性的通称。相比之下，"小姐"就没有那么幸运了，仅有 41.4% 的人愿意接受"小姐"作为年轻女性的通称。随着中国经济的发展，国人的生活将持续得到改善，文化修养也将持续提高，人人平等的称呼观念会被越来越多的人接受和认同，"先生"和"女士"的语义会进一步泛化，使用起来也会越来越普遍。

第五章　北京市党政机关人士的称呼模式与称呼语规划建议

一、研究背景

　　近年来，党政机关工作人员的称呼行为一直是一大社会争论热点。《人民日报》《新京报》等媒体纷纷报道了党政机关人士称谓语呈现"庸俗化""商业化"和"江湖化"的不良态势，并指出"党员之间无论层级和资历彼此互称'同志'的良好传统已被强化层级意识并鼓励下属人员奉承上级的庸俗做法所取代"。❶甚至，曾经在党内无限风光的"同志"称呼语如今也在个别党政机关沦落到上下级之间难以启齿的地步。针对这一现象，中央机关、上海市、广东省、甘肃省纪委曾下达官场称谓禁令，要求"对担任党内职务的所有人员一律称'同

---

❶　美报关注中国官司场称呼：称上级为"老板"[EB/OL]. (2014-05-13) [2017-01-16]. http://china.cankaoxiaoxi.com/2014/0513/387583.shtml.

志'，不称职务"。党的十八届六中全会审议通过的《关于新形势下党内政治生活的若干准则》要求"坚持党内民主平等的同志关系，党内一律称同志"。

在当前中央纪委和地方纪委三令五申地整顿称谓乱象的背景下，北京地区党政机关工作人员的称呼行为是否存在上面谈及的"三化"现象？"同志"这一称呼语是否真的已"渐行渐远"？其重新流行的现实基础如何？这些都是值得深入调研的课题。因此，本研究旨在对北京地区党政机关工作人员的当前称呼模式和称呼特征进行调查描述，揭示称呼语背后的称呼观念，提出合理的称呼建议，为称呼规范建言献策。

二、调查方法

（一）调查内容和调查工具

本次调查以问卷为主，访谈为辅。问卷分为五个部分：第一部分考察称呼语的总体使用情况，第二部分调查被试对称呼语的喜爱程度。这两部分均采用李克特5级量表（第一部分：5分＝总是，4分＝经常，3分＝有时，2分＝很少，1分＝从不；第二部分：5分＝非常喜欢，4分＝喜欢，3分＝一般，2分＝不喜欢，1分＝非常不喜欢）。第三部分考察被试在四种场合下（党支部会议、部门会议、办公室和休闲娱乐场所）如何称呼与自己关系一般的、亲密的上级、平级和下级。第四部分对五类称呼语进行语义区分测验，使用七级量表。第五部分是被试的基本信息，含年龄、性别、工作年限、所在单位名称及担任的行政职务和党内职务。

基于祝畹瑾（1990）对汉语称呼语系统的分类，本次问卷调查中的称呼语共分 5 大类，23 小类，分别为：姓名类（姓名、名字、修饰语＋姓）；同志类（姓名＋同志、职衔＋同志等 7 小类）；职衔类（姓＋职衔简称、姓＋职衔等 5 小类）；通称类（"领导""老板""老大"等 7 个称呼语）；拟亲属称呼语（如某哥，某姐等）。

访谈问题主要涉及以下内容："在您的单位，同事之间怎样彼此称呼？""您喜欢哪种称呼模式？""在单位您喜欢使用拟亲属称呼语吗？""在工作中，您和同事使用'同志'称呼语吗？""您在什么场合会称呼他人或被人称为'同志'？""您如何看待中央和部分地方纪委要求党员领导干部之间互称'同志'这一规定？""您怎么看待某些单位存在下级称呼上级领导为'老板''老大''哥们儿'的现象？""您认为当下党政机关工作人员的称呼行为需要如何规范？"等。

（二）调查对象

研究共收回有效问卷 119 份，调查对象是来自北京地区 36 家单位的党政机关工作人员，其年龄分布在 25~55 岁。党内职务有书记、副书记和普通党员；行政职务集中在处级和科级的正职与副职人员。其中，参加访谈的人员共 5 人，男性 3 人，女性 2 人，来自外交部、中宣部等单位。问卷和访谈时间为 2016 年 1 月至 2016 年 3 月。

三、数据分析与讨论

（一）总体情况分析

在 119 份有效问卷中，五大类称呼语的使用频率合成均值显示，使用频率从高到低的顺序依次为职衔类、姓名类、拟亲属类、通称类、同志类。其中，职衔类称呼使用频率最高，同志类称呼使用频率最低。受欢迎程度从高到低顺序依次为姓名类、拟亲属类、职衔类、同志类、通称类，详情见表 5.1。

结合本研究的焦点，笔者从褒 / 贬、亲 / 疏、流行 / 落伍、高雅 / 庸俗、平等 / 权势、自然 / 不自然五个维度调查了参与者对职衔类、拟亲属类、同志类、老大、老板五类（个）称呼语的态度评价，语义区分测验结果详见表 5.2。

表 5.1　五大类称呼语的使用频率和受欢迎程度排序

五大类称呼语	使用频率		受欢迎程度	
	合成均值	排名	合成均值	排名
职衔类	3.09	1	3.32	3
姓名类	2.99	2	3.45	1
拟亲属类	2.98	3	3.38	2
通称类	1.67	4	2.36	5
同志类	1.49	5	2.65	4

（注：使用频率：5 分＝总是，4 分＝经常，3 分＝有时，2 分＝很少，1 分＝从不；受欢迎程度：5 分＝非常喜欢，4 分＝喜欢，3 分＝一般，2 分＝不喜欢，1 分＝非常不喜欢）

表 5.2　语义区分测验均值

评价维度 ＼ 称呼语	拟亲属类	职衔类	同志类	"老大"	"老板"
贬义的—褒义的	5.46	5.34	4.97	3.61	3.29
疏远的—亲切的	6.09	4.34	3.71	4.6	3.77
落伍的—流行的	5.32	4.76	2.83	4.37	4.43
庸俗的—高雅的	3.86	4.53	4.09	2.67	2.63
权势的—平等的	5.1	3.97	5.05	2.89	2.5
不自然—自然的	5.33	4.82	3.36	3.71	3.16
合成均值	5.19	4.63	4	3.64	3.3

（注：语义区分测验为 7 级量表，1 级语义最负面，4 级居中，7 级语义最正面，分值越高，语义越积极）

从语义区分测验结果的合成均值来看，评价由高到低依次为拟亲属类、职衔类、同志类、"老大"和"老板"。拟亲属称呼的评价是褒义、亲切、流行、平等、自然，但不够高雅。职衔类的评价是相对褒义、流行、自然，但不平等。同志类比较平等、比较褒义，但不够亲切，不够自然而且落伍；"老大"尽管亲切，但整体上比较贬义、庸俗、权势、不自然。"老板"的评价最差：贬义、庸俗、权势、不自然。

（二）北京市党政机关人士的四大称呼特征

通过分析问卷中有关称呼语使用频率、受欢迎程度及更细化的语义区分测验，结合访谈语料，本研究概括出北京党政机关人士内部称呼行为的四大特征。

1. 职衔类称呼语大肆盛行

职衔类称呼语俨然是北京地区党政机关人士使用最频繁的称呼语，其地位似乎不可撼动，其各小类的使用频率均值及在 23 小类中的排序均比较靠前，详见表 5.3。

姓 + 职衔简称（如"张局"，均值 3.93）是 23 个称呼语中使用频率最高的，其次是姓 + 职衔（如"张局长"，均值 3.53），二者均接近"经常"使用。运用 SPSS17.0 对两组数据进行差异性检验，独立样本 t 检验结果显示两组数据之间存在极显著差异（$t = 3.158$，$p = 0.002<0.01$），表明姓＋职衔简称这一称呼模式的使用频率显著高于姓＋职衔，也就显著高于其他类称呼语的使用频率。

表 5.3　职衔类称呼语的使用频率均值及排序

职衔类称呼语	均值	排名
姓＋职衔简称	3.93	1
姓＋职衔	3.53	2
职衔（单独使用）	2.82	7
名＋职衔	2.09	9
姓名＋职衔	1.88	11

（注：使用频率：5 分 = 总是，4 分 = 经常，3 分 = 有时，2 分 = 很少，1 分 = 从不）

晏小萍（2002：69-70）通过分析北京地区国家部委机关 45 名科级和处级工作人员的问卷数据，发现"字头（老、小）＋姓"（31%）、"姓名"（30%）和"姓＋职务"（25%）是当时这一群体最普遍的称呼形式，而本研究的发现与其不一致。距其研究 15 年已经过去了，职衔类称呼语已取代姓名类称呼语成为公务员工作场合的首选称呼。尽管从表面上看，职衔类称呼似乎能够更好地体现岗位职责，但实际上此类称呼语在反复使用中，可能会使层级意识不断得到强化。

2. 拟亲属称呼语举足轻重

拟亲属称呼语是指"用亲属称谓语去称呼不具有亲属关系的人"（马宏基，常庆丰，1998：45），是亲属称呼语的泛化或"扩展用法"（潘之欣，张迈曾，2001）。拟亲属称呼语的数量较多，有"爷爷""奶奶""叔叔""阿姨""哥""姐"等，公务员同事之间主要使用的是"×哥/姐"形式，×一般为姓氏。

就使用频率和受欢迎程度而言（见表5.1），拟亲属称呼语的均值分别为2.98和3.38，在所有的23种称呼语中均排名第五。这表明拟亲属称呼语也是党政机关人士主要使用的一种称呼模式，其在党政机关内部备受欢迎，这与其丰富而正面的语义内涵有直接关系。

表5.2的语义测验结果显示，总体来看，拟亲属称呼语具有亲切、褒义、自然、平等、流行的正面语义，遗憾的是略感俗气。除"庸俗的—高雅的"维度之外，拟亲属称呼语在另外五个语义评价维度无一例外地得分最高，尤其是"疏远的—亲切的"这一维度均值高达6.09，亲密度之高是其他四种称呼形式所无法企及的。

在当今整个中国社会，拟亲属称呼依然在人际交往中发挥着重要作用。每一个机关单位规模相对较小，人员稳定性高，长时间的相处更容易让他们之间形成一种泛家庭成员似的关系，因此拟亲属称呼语在党政机关工作人员中深受喜爱也就不足为怪了。同时，语言具有建构功能，可用来调节人际关系，拟亲属称呼在拉近人际关系方面的作用不容小觑。

当然，拟亲属称呼语的使用情况会因工作部门、工作性质、行政级别、称呼对象等亦有所不同，这一点从下列访谈中亦可窥其一二。下面为两则访谈。

（1）（甲来自北京市公安局出入境管理总队）

采访者：如何称呼同级呢？

甲：同级啊，如果是年纪大一点的，我们一般称"哥、姐"，这也是我们单位的一个传统嘛，显得比较亲切友好。

（2）（乙来自外交部）

采访者：您和同事在工作中会用拟亲称吗，比如"哥、姐"之类的？

乙：偶尔也会使用，但不是常规的用法，可能一些新来的、年轻的、实习的小同志们，刚刚入职的（同事）可能比较客气，但它不是一个常态化的称呼。

采访者：如果同事这样称呼您，您怎么看待呢？

乙：没问题啊，听着也很亲切啊。如果是刚刚入职的，我觉得也可以啊，很亲切，除了工作这一层关系外，还有一层就是你有义务去帮帮他，带带他，这体现出我们之间的关系比较融洽。

综上来看，党政机关群体常用拟亲属称呼语，可以借助其在工作中构建和谐的人际关系、营造亲切融洽的沟通氛围。这一特点与其他某些行业的情况截然不同。刘永厚和朱娟（2015）调查研究了 10 家在华欧美企业中国员工之间的称呼模式，发现其称呼以平等的中英文名字为主，而很少也不鼓励使用"哥、姐"等拟亲属称呼，原因在于大部分欧美企业有比较严明的工作制度，滥用拟亲属称呼语会给他人故意拉帮结派之嫌，而这与企业追求自由平等、杜绝"圈子文化"的专业管理理念是极不相符的。

3. 同志类称呼语风光不再

"同志"是一个曾在革命和建国时期在党内无限风光的称呼语，它象征着"平等""团结"和"尊敬"，具有浓厚的"革命色彩"和"政治内涵"（Fang，Heng，1983：496）。特别是改革开放以后，市场经济的迅猛发展、日益宽松的政治氛围以及频繁的国际交流，促使人们形成了多元化的价值观，反映在称谓上则是西式称呼语的复活和行业专指性称呼语的涌现，"同志"这一称呼语迅速退出普通大众的社交生活，退居成为政党成员内部的专属称谓语。Liu（2009）曾于 2007 年前后调查了北京四个不同级别的服装商场近 90 名售货员对顾客使用的称呼语，竟未听到一例"同志"用法。

时至今日，"同志"的使用频率和使用范围进一步缩小。本研究发现同志类称呼语无论是在使用频率，还是在受喜欢程度方面，均已一落千丈，再也无法与中华人民共和国成立后一段时期内的受欢迎度相提并论了。

表 5.4 同志类称呼语使用频率的均值排序

同志类称呼语	均值	排名
名 + 同志	1.75	12
姓名 + 同志	1.66	13
同志（单独使用）	1.53	15
修饰语 + 姓 + 同志	1.5	17
修饰语 + 同志	1.47	18
职衔 + 同志	1.39	20
姓 + 同志	1.11	22

（注：5分=总是，4分=经常，3分=有时，2分=很少，1分=从不）

在五大类称呼语中，同志类称呼语的使用频率最低，其各小类的排名也十分靠后（见表5.4）。就其内部而言，名+同志（如"建国同志"）、姓名+同志（如"王建国同志"）、"同志"（单独使用）这三类尚接近"很少使用"（均值1.75、1.66、1.53）。修饰语+姓+同志（如"老王同志"）、修饰语+同志（如"老同志"）、职衔+同志（如"局长同志"）、姓+同志（如"王同志"）四类已接近"从不使用"，这与我们当前在工作、生活中的观察基本相吻合。

在受欢迎程度方面，在五大类中，同志类称呼语排名倒数第二。表5.5是同志类称呼语的受欢迎程度均值在23类中的排名，分值均不高，排名整体靠后。由此可见，即使在党政机关内部，同志类称呼语的生存空间也是非常狭窄的。

表 5.5　同志类称呼语受欢迎度均值排序

同志类称呼语	均值	排名
名＋同志	2.91	10
修饰语＋姓＋同志	2.77	12
修饰语＋同志	2.65	14
同志（单独使用）	2.64	15
职衔＋同志	2.61	16
姓名＋同志	2.52	17
姓＋同志	2.43	18

（注：5分＝非常喜欢，4分＝喜欢，3分＝一般，2分＝不喜欢，1分＝非常不喜欢）

通过分析本研究问卷调查的第三部分，发现场合正式程度、权势关系和亲疏度均在不同程度上影响同志类称呼语的使用。

表 5.6　同志类称呼语在不同场景中的选用比例（％）

称呼对象	党员会议	部门会议	办公室	闲暇场合	总计
关系一般的上级	22.69	4.2	0	0	26.89
关系亲密的上级	20.17	1.68	0	0.84	22.69
关系一般的平级	49.59	12.6	3.36	5.04	70.59
关系亲密的平级	36.97	10.92	0.84	3.36	52.09
关系一般的下级	42.86	10.08	1.68	0.84	55.46
关系亲密的下级	30.25	7.56	1.68	0	39.49

表 5.6 显示，在正式程度截然不同的四种场合下，同志类称呼整体上随场合正式程度的降低（从左到右）其使用频率递减，在最正式的党员会议上使用频率最高，而在闲暇场合不用或极少使用。这表明，场合正式程度是影响同志类称呼语选用的主要因素。

同时值得注意的是，上级对下级使用"同志"的频率远高于下级对上级，下级对上级更多使用职衔类称呼，这体现了同志类称呼语的选用受权势关系影响，而且主要表现为非对称性用法。

亲疏程度也影响"同志"类称呼语的使用，关系亲近的同事使用"同志"的频率明显低于关系一般的（如总计中的对比 22.69% 和 26.89%；52.09% 和 70.59%；39.49% 和 55.46%），表明"同志"在党政机关内部已成为一个正式的、象征距离的称呼语。

表 5.2 同志类称呼的语义评价测验也显示，"同志"总体上是一个褒义的（语义测验均值 4.97）、平等的称呼（5.05），但同时也早已演变成为一个疏远的（3.71）、落伍的（2.83）、不自然（3.36）的语言符号。这几点结论可得到访谈语料的佐证。

（3）（乙来自外交部。）

采访者：我们想知道"同志"在党政机关还用吗？

乙：用得挺少的。如果说以前很常用的话，现在可能也就在极个别的场合才会用到。

采访者：那您觉得这个原因是什么呢？

乙：原因很多方面的，主要是现在大家彼此之间的关系不像过去那么特别政治性的，可能更平等吧。这就是说，哪怕你是一个部门领导，是一个处级或司级领导，但同时更多的是抛开你的职称来讲，你还是一个活生生的人呢，对吧？

采访者：嗯，可是，如果互称同志不就能更好地体现平等性吗？

乙：并不是，会显得有距离感。

采访者：哦。

乙：并不融洽，它只是很官方、很客套的一种称呼法。如果在工作中每个人都这么互相称呼的话，那会是一个很奇怪的一个场景，同事们之间的关系就不会是想象中的那么融洽。你想想，在一个职场中，在一个宽松的环境中的话，那必然会想方设法去拉近人与人之间的关系，而不是靠这种政治化的词汇去疏远彼此，对吧？

采访者：对。

此外，同志类称呼语也见之于党务会议、党政领导人会谈、党员干部的任免大会、重大会议以及起草文件时、政府公文、官方刊物等正式场合。下面为访谈一例。

（4）（丙来自北京市新安教育矫治所。）

采访者：您和同事在什么场合下会称呼"同志"？

丙：一般来说，有两种情况：第一是在党支部会议上，这是为了体现党员之间相互平等的关系；还有就是文件里也会用到，比如说在重要领导干部的任免通知中。

采访者：您刚才提到了在文件里使用"同志"，像这种在书面称呼里使用"同志"的情况多吗？

丙：挺常见的，实际上要比口头上称呼"同志"的比例高一些，比如说政府的公文、官方文件以及呈报给高级领导的请示等。

总之，"同志"的风光早已不再，也确实已渐行渐远。同志类称呼语衰落的原因可以归结如下：其一，"同志"一路走来被渲染上浓厚的革命和政治色彩，因此在市场经济的社会大环境下，当新的社交称谓语层出不穷时，"同志"自然而然就受到了人们的冷落。其二，"同志"这一称谓"既无性别标示也无相对年龄标示，因而显得过于笼统，在某些非正式场合甚至显得疏远和冷淡"（方传余，2007：31），因此这一称呼形式被不断边缘化。其三，中国的同性恋群体自20世纪90年代以后采用了这一新称谓，使"同志"进一步经历了语义贬值。

4. 庸俗化通称总体并未泛滥

本研究中的通称类包含 7 个称呼语, 包括"老大""老板""总管""领导""老师""哥们儿 / 兄弟 / 姐们儿"和"亲"。

表 5.7　通称类称呼语使用频率和受欢迎程度的均值排序

通称类称呼语	使用频率		受欢迎程度	
	均值	排名	均值	排名
领导	3.02	4	3.3	7
老师	1.91	10	2.73	13
哥们儿 / 兄弟 / 姐们儿	1.55	14	2.2	19
老大	1.51	16	2.19	20
亲	1.45	19	2.16	21
老板	1.19	21	2.05	22
总管	1.07	23	1.89	23

本研究重点关注"老板""老大""总管"这类具有商业化、庸俗化和帮派化特点的称呼语。"老大""老板""总管"这三个通称用语的使用频率均值分别为 1.51、1.19、1.07, 居于"很少"和"从不"之间, 在 23 类称呼语中位次分别为第 16、21 和 23, 总体比较靠后。这表明此类庸俗称呼语在北京市机关单位的使用频率很低。

"老大""老板""总管"受欢迎程度的均值分别为 2.19、2.05、1.89，属于"不喜欢"一类，排名也是末尾，再次表明此前新闻媒体纷纷报道的称呼"三化"现象在北京地区并不严重，北京地区公务员的称呼行为总体上仍是比较规范的。以下对外交部和中宣部人员的访谈也基本佐证了这一结论。

（5）（乙来自外交部。）

采访者：您有没有接触到公务员私下称领导为"老板"的或者"老大"的这种情况？

乙：几乎没有吧，反正在我们部门是不存在的。我觉得可能在地方机关这种情况会比较多。

采访者：那您个人怎么看待称呼领导为"老板"或者"老大"？您反感吗？

乙：嗯，我个人会有点排斥。因为就你的工作来讲，没必要（用）像这样很江湖的一种称呼。

采访者：对……对。

乙：而且这与中央的精神也是极不相符的，中央已经明确规定了不允许，本来我们就没有，我觉得我们反倒是符合要求的。但在地方的机关某一些不同的层面上还存在这种情况，就感觉像个帮派、江湖气较重。

采访者：对，有《新京报》等一些媒体说党政机关工作人员称领导为"老板、老大、哥们"这种称谓乱象，然后一些省份，如广东、上海，就下发通知说党政机关禁止使用这种江湖化的称呼语。

乙：对，这是中央下的规定，而不是说是地方的。鉴于目前这种乱象存在，中央已经注意到了，所以才会出台这样的政策，算是规定吧，约束一下这种乱称、乱象。

采访者：那是不是我们这边本身就没有这种现象，是吗？

乙：很少。不过我们有一种特殊情况，就是比如在国外，我们的某一位大使就是一馆之长，他的确就是老大，但我们从来不当面老大长、老大短地叫，而是和同事们在谈论到他的时候，会怀着一种尊敬的心情偶尔说一下"我们'老大'"怎么怎么样，但这绝不是拉帮结派或者阿谀奉承。

（6）（丁来自中宣部。）

采访者：在工作中，您是否听到过"老板""老大"的叫法？

丁：很少听到。我觉得它们不太适合像中央机关这种层级比较高的单位，但是你要是到基层的话，比方说个别地级单位、个别地方街道办事处、个别派出所之类的，这种称呼就很常见了。

经过此番实证调查，我们欣慰地看到这类称呼语基本上并未在北京地区的党政机关群体中蔓延开来。但是从近年来媒体的集中报道、个别省市纪委三番五次下达的称谓禁令和上述的访谈可知，一些地方机关和基层单位确实存在称谓乱象。"老板""老大""大哥""总管"此类称呼语看似小，实则大。它们把平等的同事关系雇佣化、金钱化，把简单的人际关系帮派化、江湖化。此类庸俗的称呼行为在满足了很大一部分人对财富和权力贪恋心理的同时，正悄无声息地腐蚀着整个社会的民主和平等之根基，这当属一种语言贿赂现象，对政府形象和整个社会的伤害是深远的，所以值得政府部门高度关注。称呼异化和称呼乱象必须加以约束、纠偏和管理，以引领社会风气。

四、小结

通过对北京市党政机关工作人员称呼行为的调查，本研究有以下结论和建议。

其一，不管是在正式场合还是非正式场合，职衔类称呼语，尤其是"姓＋职衔简称"，是当前下级称呼上级时使用频率最高的称呼形式，反映了我国传统的等级观念对当今社会称呼行为的影响，也折射出近年来个别党政机关人士对权力的过分崇拜。这种庸俗化的风气应该得到整顿。体现人人平等的姓名类称呼最受欢迎，应该得到大力推广，以促进新时期和谐平等的人际关系。

其二，同志类称呼的使用频率和受欢迎程度均相对较低，多出现在正式场合，尤其是政治场合，扩大其语域已不具备现实基础。较合理的做法是重新定位其功能，凸显其政治含义，成为正式／政治场合的一个代名词。本研究还发现，在非正式场合，拟亲属称呼以其无可比拟的亲切性优势而深受机关工作人员的青睐，尤其是在基层单位。

其三，"老板""老大""总管"等商业化、帮派化、庸俗化的称呼形式总体上在北京地区的党政机关人群中整体上并不广泛使用，也不受推崇，但基层单位可能存在类似的称呼庸俗化现象，需要得到整顿和规范。

第六章　国企职员内部的称呼模式研究

一方面，称呼语的选用受到多种社会因素的影响，如权利、等级、亲疏关系、交际场合等；另一方面，称呼语是人际交往的先导，能标识人们的社会地位，传递交际双方的思想感情，反映与构建人与人之间的社会关系。随着中国经济的飞速发展，中国国有企业生产规模不断扩大，国企员工之间如何使用称呼语以达到理想的交际效果，同时营造和谐的企业语言文化，这也成为企业发展需要考虑的一个问题。本研究选取北京市六家国有企业员工为调查对象，考察国企员工称呼语的使用情况。

一、研究背景

社会语言学家早在 20 世纪五六十年代就开始对称呼语进行研究。国外学者如 Brown 和 Gilman（1960）提出多种欧洲语言中单数第二人称代词的尊称

V 与非尊称 T 的选用受 "权势"（power）和 "同等"（solidarity）两个因素制约。"权势" 指不对称的或有等级性的纵向人际关系，"同等" 即亲疏关系，指人们之间横向的社会距离。Brown 和 Ford（1961）将上述两个概念改为 "地位"（status）和 "亲疏"（intimacy）。

国内学者祝畹瑾（1990）仿效 Ervin-Tripp（1972），结合汉语和中国文化自身特点，为人们如何选用汉语称呼语绘出一份计算机流程图，并将汉语称呼语分为六类：① 亲属称呼语；② 特殊亲属称呼语；③ 姓名；④ 通用称呼语；⑤ 职衔；⑥ 零称呼语。其中，特殊亲属称呼语即拟亲属称呼语，又称假亲属称呼语，指用来称呼非亲属的亲属称呼语。例如，使用 "哥""姐" 称呼没有亲属关系的人。这种特殊的称呼现象在汉语社交称呼行为中尤为普遍，是汉民族社交称呼行为的重要方式之一。在拟亲属称呼研究方面，国内学者分别从共时与历时两个层面对其进行过研究。在共时层面，潘之欣和张迈曾（2001）以天津市某工厂与某建筑设计院为调查对象，发现汉语拟亲属用法既可以表现谈话双方的亲密关系，也能够向年长者表示尊敬。齐沪扬和朱琴琴（2001）对上海市徐汇区大中小学生称谓语使用情况进行了调查，发现亲属称谓正在向非亲属称谓渗透。张立丹和张希玲（2006）探讨了拟亲属称谓习俗的文化功能。例如，拉近社交距离，增强交际效果，体现中国传统文化精神等。Liu（2009）对北京市四个服装商场的售货员对顾客使用汉语称呼语的情况进行了调查，揭示出名词称呼语的多样性与拟亲属称呼的主导性为汉语社会称谓语的两大特点。在企业方面，马丽丹（2010）对河南某公司内部称呼语的使用情况进行了调查，发现员工之间趋于使用拟亲属称呼方式称呼同事，以寻求更加友好的工作关系，营造和谐的工作氛围。这些研究揭示了拟亲属称呼语在日常工作生活中起重要作用。在历时层面，吴慧颖（1992）探讨了中华人民共和国成立以来拟亲属称呼的详细变化过程。潘攀（1998，1999）分析了汉语亲属称呼语在遵循亲密和尊敬原则下的泛化和简化现象。马宏基和常庆丰（1998）探讨了亲属称谓语外化的文化、经济与语言学机制，并指出外化后的亲属称谓语在日常交际中起着不可替代的作用。

国际上，聚焦企业员工内部称呼模式的研究也为数不多。Morand（1995）对美国企业称呼语的使用情况研究表明，上下级之间直接称名（First Name）的称呼方式对企业文化与发展有积极的影响。目前，国内对国企员工间称呼模式的研究亟须加强。国企内部员工之间如何称呼对方？拟亲属称呼语的使用频率如何？称呼语的选用与称呼者的态度、年龄、性别、权势等级、社交情景等因素之间有怎样的关系？这些问题均待深入研究。本研究以"权势和同等"为理论框架，考察了北京地区六家国有企业员工之间的称呼模式，下文将重点讨论"×哥/姐"（含姓名＋哥/姐、姓＋哥/姐、名＋哥/姐等）拟亲属称呼模式在国企员工间的使用现状。

二、研究方法

（一）调查对象

本研究的调查对象来自北京市六家大型国有企业，含华润置地有限公司、中奥体育产业有限公司、中国冶金建设集团、中国银行、中国出版集团公司和中国国际航空公司，共发放 120 份问卷，收回有效问卷 110 份（$n=110$）。问卷对象男女各半，含 25~35 岁 53 人，35~45 岁 45 人，45~55 岁 12 人。问卷收集通过邮件、工作现场两种方式发放和收回，数据收集时间为 2013 年 11 月至 2014 年 3 月。

（二）研究设计与数据收集

本次调查采用发放问卷与部分后期访谈的方法。问卷分为三个部分，每部分均列出研究涉及的 15 种称呼语。依据祝畹瑾（1990）对称呼语的分类，笔者也将 15 种称呼语分为四大类：姓名类、拟亲属称呼类、职衔类、通用称呼语类。问卷第一部分采用李克特量表（Likert Scale），考察国企员工称呼语的使用频率。每一个称呼语有"总是""经常""有时""很少""从不"5 个选项，其频率分值分别赋值为 5、4、3、2、1。第二部分旨在调查在不同交际情景下员工之间称呼语的使用情况，情景涵盖场合（正式 / 非正式）、权势（上级 / 平级 / 下级）、亲疏（亲近 / 疏远），其相互交叉，形成 2×3×2=12 种不同类型的交际情景。第三部分采用语义区分测验（Osgood，1957），测量国企工作人员对各类称呼语的态度值，态度坐标分 7 级，两端分别为"讨厌"和"喜欢"，答卷人根据自己对某类称呼语的态度评价在 1~7 之间选择某一赋值。

访谈主要通过 QQ、微信，电话或面谈的方式进行，访谈上述六家北京市国企员工各一名，共 6 人，访谈录音并转写。访谈问题如："在公司工作时，您如何称呼同事，如您的上级、平级或下级？""您最喜欢使用哪种称呼语，如姓名类、职衔类、拟亲属类（哥 / 姐）、亲等？""您为什么更喜欢这类称呼语？""在正式场合如与领导开会讨论时，您是如何称呼您的上级呢？""那么，在非正式场合，如公司活动日、茶歇时，您是如何称呼各级同事？""对待关系不一样（或亲近或疏远）的同事，会有不一样的称呼吗？会怎样称呼呢？""越来越多的人开始称呼同事哥 / 姐，您怎么看待？您有这样称呼过同事吗？有或者没有的原因是什么呢？""有人认为称呼语可以改善或调节人际关系，对此您怎么看？您尝试过通过改变称呼方式调节与同事的关系吗？"。访谈数据可以检验问卷结果，同时可以揭示当事人称呼语使用中的所思所想，探究其内心世界，了解其称谓观念和情感感受。

三、数据分析与讨论

（一）称呼语的使用频率

对 110 份有效问卷第一部分的称呼语的使用频率分值分别进行组间与组内均值计算，结果见表 6.1。

表 6.1　称呼语使用频率均值的统计结果

称呼语		组内称呼语使用频率	组间称呼语使用频率
拟亲属称呼类			3.56
职衔类	姓＋职衔	3.31	2.62
	职　衔	2.89	
	名＋职衔	1.65	
姓名类	姓＋名	2.35	1.86
	字头＋姓（如"小王"）	2.30	
	昵　称	1.97	
	名	1.70	
	姓	1.60	
	英　文	1.26	

（续表）

	称呼语	组内称呼语使用频率	组间称呼语使用频率
通用称呼语类	亲	1.67	1.62
	领　导	1.67	
	亲爱的	1.65	
	老　师	1.59	
	老　板	1.54	

从称呼语的类型上看，国有企业员工在选用称呼语时，使用频率从高到低依次是拟亲属称呼类、职衔类、姓名类、通用称呼语类。在职衔类中，"姓+职衔"的频率最高；姓名类中，"姓+名"使用频率最高；通用称呼语中，"亲"与"领导"使用最多。使用 SPSS（13.0）软件对各类称呼语使用频率的均值作一元方差检验（One-Way ANOVA），结果显示 $F_{(14, 218)} = 82.091$，$P=0.000 <0.001$，表明各类称呼语的使用频率有极显著差异，可知拟亲属类称呼语的使用频率显著高于其他类型的称呼语。

（二）具体交际情景中称呼语的使用

问卷第二部分涉及场合、权势、亲疏三个变量。表 6.2 展示了不同交际情景下称呼语的使用情况，表中仅列出使用频率较高的 5 类称呼语，其他类型归入"其他"一类。下面将按照变量展开讨论。

表 6.2　具体交际情景下称呼语使用的百分比统计结果

员工关系	场合	拟亲属	姓＋职衔	姓＋名	字头＋姓	亲	其他	合计
关系亲近的上级	正式	11%	52%	33%	2%	1%	1%	100%
	非正式	48%	30%	12%	1%	1%	8%	100%
关系一般的上级	正式	10%	63%	25%	0%	0%	2%	100%
	非正式	35%	49%	9%	0%	0%	7%	100%
关系亲近的平级	正式	28%	19%	37%	9%	3%	4%	100%
	非正式	44%	9%	22%	11%	4%	10%	100%
关系一般的平级	正式	21%	18%	39%	10%	1%	11%	100%
	非正式	30%	15%	38%	9%	5%	3%	100%
关系亲近的下级	正式	9%	10%	45%	30%	1%	5%	100%
	非正式	8%	9%	25%	32%	2%	24%	100%
关系一般的下级	正式	8%	9%	46%	33%	2%	2%	100%
	非正式	7%	8%	47%	35%	1%	2%	100%

1. 正式场合和非正式场合

交际场合可以分为正式场合和非正式场合。国有企业员工所处的正式场合一般指工作场合、会议、会晤、谈判、发布会等。非正式场合指上述场合之外的休闲娱乐场合，如茶话会、私人聚会等。表 6.2 数据表明，场合的正式度对称呼语的选用有影响。在正式场合，员工多采用"姓+职衔"和"姓名"这两种称呼模式。称呼关系亲近和关系一般的上级时，半数以上的员工选择"姓+职衔"这一称呼模式。而称呼关系一般、亲近的平级和下级时，使用频率最高的是"姓+名"。"姓+职衔"和"姓+名"两类称呼在正式场合能体现权利秩序以及场合的严肃性。在非正式场合，员工则倾向于使用比较随意自然的称呼，如拟亲属称呼、姓+名、字头+姓、昵称等。另外，在正式场合，亲疏关系对称呼语选用没有决定性影响。例如，对关系亲近和关系一般的上级使用拟亲属称呼的比例分别为 11% 和 10%，差距不大。

2. 亲疏关系与拟亲属称呼语

在非正式场合，亲疏关系影响员工对称呼语的选用。例如，48% 与 44% 的员工选择拟亲属称呼方式来称呼关系亲近的上级和平级；而对关系一般的上级或平级，相应比例略低，为 35% 与 30%。后期访谈也表明拟亲属称呼在员工的人际关系中发挥着重要作用。下述是对中奥体育产业有限公司一名员工进行的访谈（L=作者，Z=公司市场部员工）。

L：在非正式场合，您对和您关系较好或者一般的同事会采用不同的称呼方式吗？

Z：嗯……肯定会不一样吧。现在公司竞争这么激烈，工作节奏也很快，同事关系都很微妙。因此，大家出于不同的目的对关系不一样的同事叫法也不一样。

L：那您一般是怎样称呼亲近熟悉或者一般疏远同事呢？

Z：因为我在公司只工作了四年左右，又是刚从市场部调到销售部，和新部门同事还不是很熟悉，初次接触就叫职衔或者名字，以免造成不必要的麻烦。

L：那您原来在市场部是也是这样称呼同事吗？

Z：原来在市场部啊……肯定不会啊。因为大家三年的相处都很熟悉了嘛。一般对有资历有经验的老同事，叫哥叫姐多一些，年龄差距不大的一般是名字吧。

L：您为什么选择这样称呼他们呢？

Z：我觉得，面对部门"老同志"，开始叫职衔是出于礼貌。大家一起工作长了以后，开始熟悉了解对方，再叫职衔显得好像很生疏似的。所以，（称呼）慢慢就改了。例如，以前叫"王经理"，现在叫"月玲姐"。这样感觉整个团队像家人一样团结在一起，工作的氛围变亲切了，压力也小一些，工作也更容易开展了。

L：那您有对关系一般或陌生的同事叫哥或者姐吗？

Z：嗯……也会有。就说我现在这个部门吧。我刚开始了解销售工作。不熟悉的业务的时候，就得请教"老同志"。这个时候，对我们李主管，我一般会叫"浩哥"。

L：为什么呢？

Z：至少这样叫，我感觉心理距离不是原来那么远了，哈哈。

L：那您达到预期效果了吗？

Z：几次请教以后，我感觉我再叫"李主管"，主管都觉得怪怪的。所以，应该是达到我的预期了吧，再叫"浩哥"也就很自然了，感觉也能更快地融入新团队。

从以上对话可以看出，亲疏关系不仅影响拟亲属称呼的选用，而且拟亲属称呼又建构着亲近的人际关系。

3. 权势等级与拟亲属称呼语

表6.2数据表明，受到权势等级因素的影响，员工在非正式场合称呼不同级别的同事时，拟亲属称呼的使用比例有所不同。称呼关系亲近的上级、平级、下级的比例分别是48%、44%、8%，称呼关系一般的上级、平级、下级的比例分别是35%、30%、7%。从表6.2中可以看出，拟亲属称呼的使用频率与权势等级相关，由高到低依次递减，对下级同事使用拟亲属的频率最低。这一点容易理解，拟亲属称呼既能表达尊重，也能表达亲近，但对下级称呼时一般没有这类主观动机，再加上多数下级员工的年龄更小，"×哥/姐"的使用比例自然就低，上面谈及的两种情况下仅有8%与7%的员工偶尔使用"×弟/妹"

来称呼关系亲近或疏远的下级。相反，32% 的员工选择"字头 + 姓"称呼关系亲近的下级，47% 的员工选择"姓 + 名"称呼关系一般的下级。在称呼关系亲近或一般的下级时，"亲"所占的比例均非常低。访谈数据显示，多位国企员工认为"亲"这种淘宝体称呼模式已被泛滥使用，用来称呼同事显得很庸俗。也有员工认为在工作场合称呼同事"亲"太随意。

有受访员工表示，由于权势等级不同，选择"× 哥 / 姐"称呼上级，即可表示对上级尊敬与礼貌，也在无形中缩短双方的交际距离，即不至于让上级居高临下，又不会使自己处于被动地位。同时，在高强度的工作下，员工可以感受亲如一家的和谐工作氛围，更加高效地完成工作。另外，还有受访者提到，遇到上级年龄小于称呼者的情况时，少数员工出于套近乎的目的也会屈尊称呼上级为"× 哥 / 姐"。

（三）称呼语的态度评价

对问卷第三部分的称呼语态度分值进行均值统计，得出称呼语态度均值顺序，其中受欢迎程度由七级到一级递减。从高到低的顺序为：拟亲属称呼，5.52；姓 + 职衔，4.81；姓 + 名，4.53；字头 + 姓，4.12；领导，3.83；亲，3.45；职衔，2.99；老板，2.87；姓，2.67；名，2.52；名 + 职衔，2.41；亲爱的，2.30；老师，2.23；昵称，2.10；英文名，1.43。

其中，拟亲属称呼类（分值 5.52）、职衔类中的"姓 + 职衔"（4.81）、姓名类中的"姓 + 名"（4.53）与"字头 + 姓"（4.12）的受欢迎程度较高。对多位有国企工作经历的员工进行访谈也验证了员工对拟亲属称呼中的"× 哥 / 姐"称呼模式的喜欢程度。其原因是，这种称呼模式在表示尊敬与礼貌的同时，可以巧妙地将对方纳入亲属范畴，拉近与同事的距离，表达亲切、随意的感情色彩。谈及对职衔 + 姓和姓 + 名两类称呼语的看法时，访谈员工表示这两类称呼语多用在较正式的场合，因为它们可以表达场合的严肃性以及等级权势差异。拟亲属称呼语以最高的使用频率值与受欢迎程度出现在第一位，而通用称呼语"领导""老板"的使用频率则相对较低。

四、"× 哥 / 姐"称呼广泛使用的原因及启示

问卷与访谈数据均表明，目前，以"× 哥 / 姐"为主的拟亲属称呼语在国有企业员工间的使用频率很高，使用范围很广，这与汉民族文化、国企工作氛围、员工语言交际目的等有密切关系。首先，汉民族文化特点之一是重视亲属关系，具有亲属关系的人被视为"自家人"（马宏基，常庆丰，1998：46）。一旦有人想要和其他社会成员交往，必然会想到利用这种根深蒂固的亲属关系，更加快速自然地建立人脉。同时，当前生活节奏加快，竞争日益激烈，国企员工工作压力巨大，工作氛围紧张。在复杂的环境下，年轻的员工需要在工作环境中营

造一种亲情氛围，以缓解孤独和无助。因此，不少年轻员工选用"×哥/姐"称呼模式来传达对上级或者有资历员工的尊重，同时又不至于让对方感觉敬而远之，基此拉近彼此距离，为工作有效进行提供保障。除此之外，对地位或级别低于自己但年龄高于自己的人称呼"×哥/姐"，也是屈尊的一种表现，如某公司各部门员工对其公司内部保洁员阿姨称呼"王姐"。

国有企业在我国国民经济中发挥着重要作用，是不可忽视的主导力量之一。因此，国有企业的文化建设，对于我国社会主流文化的形成和发展，也将产生重要影响。而员工，作为推动企业生产力发展的最活跃因素，是企业文化建设的基本力量（张璐璐等，2013）。员工不仅是企业文化的创造者，而且也是企业文化的"载体"，是企业文化的承载者和实践者。因此，员工间选用何种称呼语对企业文化与企业发展都有不可忽视的影响。称呼语在反映人际关系的同时，也建构各种人际关系。现在国有企业员工间倾向于使用拟亲属称呼语来称呼同事，既可以表示对同事的尊重与礼貌，又在无形中缩短员工间的人际交往距离，减少陌生感，凝聚员工的归属感，营造亲如一家的和谐工作氛围，有助于更好地完成工作。称呼模式，这一企业员工间的言语行为，作为企业文化的一部分，只有被管理者不断完善，达成共识，形成凝聚力，才能更有效地发挥其作用。

五、小结

本章对北京市国有企业工作人员称呼语使用情况的调查显示，拟亲属称呼语，尤其是"哥""姐"称呼，在国企员工间的使用频率最高，且最受欢迎。但是，"哥""姐"称呼模式在国企中的使用也受到交际场合、权势等级等因素的影响。在正式场合，称呼语趋于正式，以职衔类称呼（如姓＋职衔）及姓名类称呼为主，以显示称呼者之间的权利等级关系和场合的严肃性。在非正式场合，称呼上级或者年长的平级时，拟亲属称呼类的使用频率最高，表示尊敬的同时，可拉近与同事的距离；若用来称呼下级或者陌生同事，拟亲属称呼可表示屈尊或寻求帮助等。拟亲属称呼方式作为一种企业文化的表现，有助于员工间增进感情，缩短距离，增强归属感。当然，拟亲属这类称呼模式也有不足之处，其选用有时会让人感觉难为情，经历过不同企业文化和称呼文化的人也会觉得很不适应，而且容易留下庸俗化、企业管理不专业的感觉，缺乏国际化的特点。企业管理和企业文化需要发展，将来随着国企国际化进程的推进，企业员工可能会广泛采用一种诸如相互称名的平等称呼模式。同时，在国际化的背景下，企业文化还会出现本土化的现象，所以未来的企业称呼文化将会很复杂，也值得进一步关注。

第七章　在华欧美外企中国员工之间的称呼模式研究

一、研究背景

称呼语是用来指称听话人的语言单位，它具有复杂性、动态性和多样性等特征，与民族文化、社会发展和人们的价值观念有密切的联系。它可以反映出交际双方的身份地位、角色关系和亲疏远近，是衡量人际关系的重要标准。在不同语境中，人们变换称呼语形式，以适应各种交际需求，表达不同的思想感情，实现一定的交际目的。在日常生活和工作中，称呼语的得体使用至关重要，恰当的称呼能给人留下良好的印象，为交际的顺利进行做好铺垫。由于称呼语的特殊作用和复杂性，相关研究自社会语言学学科成立之初就已开始。Brown 和 Ford（1961）通过对公司员工的观察等多种方式总结出美语的三种主要称呼模式：相互使用名字、相互使用职衔＋姓、非对称地使用名字与职衔+姓。他们同时指出,决定称呼模式的主要因素是会话双方的地位和亲密度。然而,影响称呼语选用的因素与文化习俗、社会的发展以及意识形态密切相关。Dittrich、Johansen 和 Kulinskaya（2011）比较了英国和挪威这两个国家的称呼语使用标准,指出地位和亲密度两个因素在当今称呼语使用中的重要性有所下降,取而代之的是文化因素、社会因素以及礼貌原则。

称呼语的重要性已引起社会各界人士的广泛关注。近年来,国内的报纸杂志多次刊文指出称呼语使用不当的问题。例如,《光明日报》2014 年 5 月 20 日一篇名为"叫声'同志'多顺口"的文章指出,我们要改变官衔统领称呼的局面,提倡使用体现平等、和善、文明的称呼方式。在这方面,美国企业界关注更早。Morand（1995）指出,美国的一些公司里相互称名（First Name）的现象正在增加,原因是公司为了体现出其管理体制的平等化,提倡由原来的职衔+姓称呼模式转变为名字。许多大公司都认为这是一项新颖积极的规定,纷纷效仿。

在华欧美企业的管理模式无疑受到西方文化的影响,而在此工作的中国员工却是在中华文化的熏陶中长大的,他们所使用的称呼模式是西方模式、中国模式,还是二者的结合?另外,既然有公司把称呼语作为建构企业文化的一种手段,那么其内部员工如何看待这一倡导的称呼文化?相关研究至今短缺。本研究旨在探究在华欧美企业的部分中国员工之间称呼语的使用特征,并进一步分析这些特征与企业文化的关系以及反映出的社会心理特点。

二、调查方法

（一）调查工具

本次调查采用问卷和访谈的形式。问卷共含五部分内容：第一部分调查称呼语的使用频率；第二部分调查人们在不同场合如何称呼与自己亲疏远近的上级、平级和下级；第三部分调查员工对欧美企业管理模式的满意度和认同度；第四部分测量人们对不同类型称呼语的态度评价。其中，第一部分、第三部分和第四部分均采用李克特5级量表。问卷的最后一部分是答卷者年龄、性别、所在公司名称及职位等基本信息。

问卷共调查了12项称呼语，这些称呼语从类型上分为四类：名字（包括中英文名，姓＋名，字头＋姓）；职衔（包括姓＋职衔，职衔＋姓等）；通用称呼语（包括"老板"等）；拟亲属称呼语（包括姓＋哥/姐、英文名＋哥/姐）。这些称呼语从中英文形式上又可分为三类。

英文类：英文名（如Edward）、Mr/Ms＋姓（如Mr Li）、英文名＋姓（如Helen Li）、职衔＋姓（如Manager Li）。

中文类：中文名（如"飞/建国"）、中文姓＋名（如"王建国"）、字头＋姓（如"小王"），姓＋职衔（如"李总"）、通用称呼语（"老板""亲/亲爱的"）、拟亲属称呼语（如"李姐 / 王哥"）。

混合类：英文名 + 亲属称谓（如"Nancy 姐"）。

访谈主要采用开放性问题，例如，"在您的公司，同事之间一般采用什么样的称呼语？""直呼上级的名字会不会觉得有点不尊重？""您更喜欢哪种称呼模式？""您如何看待姓 + 职衔、姓 + 哥 / 姐这样的称呼语？"

（二）调查对象

调查对象为 10 家在华欧美企业：瑞士 ABB 集团上海分公司、瑞典爱立信北京分公司、美国通用电器北京分公司、美国玛氏北京分公司、美国亚马逊北京分公司、法国赛诺菲北京分公司、法国瓦卢瑞克北京分公司、德国西门子北京分公司、英国诺顿·罗氏北京分公司、丹麦诺和诺德广州分公司。调查对象的年龄介于 25~48 岁，工作性质有工程师、行政、销售和管理人员等，职位有助理、经理和总监等。

参加访谈的人员共 8 人，女性 5 人，男性 3 人。具体情况如下：A. 女，40 岁，现在一家民企工作，曾任职于某外企商务部，时任部门经理；B. 女，25 岁，通用电器的工程师助理；C. 女，25 岁，诺和诺德的职员；D. 男，37 岁，ABB 公司的工程师，技术部经理；E. 男，35 岁，律师，有过私企工作经历，现任职于外企诺顿·罗氏；F. 女，26 岁，亚马逊运营部的职员；G. 男，29 岁，西门子人力资源部门的职员；H. 女，30 岁，赛诺菲的总裁助理兼翻译。

（三）调查过程

为了保证本次调查取得良好效果，提高测试的信度和效度，笔者参考了 Ervin–Tripp（1972）的美语称呼系统和祝畹瑾（1990）的汉语称呼语系统，并咨询了一些欧美企业的工作人员，列出了要调查的称呼语。首先，试发了问卷初稿，根据反馈进行修改，然后正式发放。问卷大部分以邮件形式发放和收回，共收回 145 份问卷，剔除 25 份无效问卷，得有效问卷 120 份。随后访谈了 8 位研究对象对一些称呼模式的主观看法、称呼动机等。访谈以面谈和电话的形式进行，录音后转写整理。语料搜集在 2014 年 1 月至 5 月和 2014 年 11 月至 12 月两个阶段完成。

三、数据分析与讨论

（一）称呼语的使用频率和态度

针对称呼语的使用频率和态度，对 120 份有效问卷进行单项得分求均值，根据均值排序，结果如下。

表 7.1 称呼语使用频率的分值及排序（从左至右依次递减）

称呼语 频率	英文名	中文名	姓＋名	姓＋ 职衔	字头＋ 姓	姓＋ 哥／姐	老板	英文名 ＋姓	亲／ 亲爱的	英文名 ＋哥／姐	Mr./Ms. ＋姓	职衔＋ 姓
分数	4.11	3.49	3.04	2.84	2.70	2.48	2.41	2.26	2.19	2.17	1.49	1.41

（注：分值：5＝总是，4＝经常，3＝有时，2＝很少，1＝从不）

从表 7.1 的数据可以看出，参加统计的 12 类称呼语中，使用频率最高的三类分别为：英文名、中文名、姓＋名；使用频率最低的三类分别为：英文名＋哥／姐、Mr/Ms＋姓、职衔＋姓。

数据的推断统计使用 SPSS17.0 处理，采用一元方差分析来检验均值之间的差异性。结果显示：在使用频率方面，英文名与中文名之间存在极显著差异（$F(1，238)=21.160$，$p=0.000 < 0.001$）；英文名与姓＋名之间也存在极显著差异（$F(1，238)=89.084$，$p=0.000 < 0.001$）。由此可见，英文名的使用在欧美企业中最为普遍，其作用是其他类型称呼语所不能替代的。

其次，仅使用中文名的使用频率高于姓＋名，这点发现和国企的情况有所不同。马丽丹（2010）调查了一家河南企业的称呼语使用情况，发现职工使用全名（即姓＋名）的比例为 31%，使用名的比例仅为 13%。使用姓＋名多于名体现了中国人内敛的性格。然而在欧美企业工作的中国人，由于受西方文化的影响，已基本习惯了只称呼名，简单亲切。

表 7.2　称呼语受欢迎程度的分值及排序（从左至右依次递减）

称呼语 频率	英文名	中文名	姓＋名	字头＋ 姓	老板	英文名 ＋姓	姓＋ 职衔	亲/ 亲爱的	Mr./Ms. ＋姓	姓＋ 哥/姐	英文名 ＋哥/姐	职衔＋ 姓
分数	3.83	3.48	3.28	3.19	3.09	2.99	2.95	2.94	2.93	2.92	2.89	2.57

（注：分值：5= 非常喜欢，4= 喜欢，3= 一般，2= 不喜欢，1= 讨厌）

　　表 7.2 显示最受欢迎的三类称呼语分别为：英文名、中文名、姓＋名。最不受欢迎的三类称呼语分别为：姓＋哥/姐、英文名＋哥/姐、职衔＋姓。

　　与使用频率相比，称呼语在受欢迎程度方面的分值差异相对较小，最高3.83，最低 2.57。受欢迎程度排在前四的称呼类型都属于名字范畴，这说明名字在欧美企业备受欢迎。与之相反，拟亲属称谓的受欢迎程度较低，这也与第六章的国企及国内其他领域的情况不同。Liu（2009）调查了北京两个低档服装市场上商贩对顾客使用的称呼语，发现名词称呼语的多样性和拟亲属称呼的主导性是其两大特点。潘之欣和张迈曾（2001）调查了天津一家建筑设计院一个部门员工的称呼行为，20 人中，称呼一位年长女同事为"吴姐"的多达 17 人。

　　综上所述，英文名、中文名、姓＋名无论在使用频率还是受欢迎程度上都稳居前三，证明了使用频率和喜欢程度之间的相关性。职衔＋姓（如 Manager Li）这种称呼模式，在西方社会比较常见，在国内却基本不使用，人们似乎也不太喜欢这一称呼方式。姓＋哥/姐类拟亲属称呼语的使用频率和受欢迎程度在欧美企业很低。值得注意的是，"老板"的受欢迎程度高于姓＋职衔，仅次于名字类称呼，这可能表明员工虽然不喜欢体现等级差别的职衔类称呼，但在内心深处依然认可上级的权威性。

（二）场合、权势和亲疏关系对称呼语选用的影响

该部分内容在问卷中以多选题的形式出现，统计方式采取计算称呼语在不同情景中被选择次数的百分比，结果见表 7.3。数据显示，无论在什么场合、会话双方的身份地位和亲密关系如何，英文名的使用频率均最高，毫无例外，见表 7.3 左边第 1 列数据。

表 7.3 各类称呼语选用的百分比

关系	场合	英文名	中文名	姓+职衔	老板	字头+姓	姓+哥/姐	其他	合计
关系一般的上级	正式	33%	5%	32%	23%	2%	0%	5%	100%
	非正式	41%	8%	21%	19%	2%	1%	8%	100%
关系好的上级	正式	30%	6%	27%	26%	5%	0%	6%	100%
	非正式	39%	10%	7%	18%	14%	2%	10%	100%
关系一般的平级和下级	正式	49%	39%	4%	0%	4%	2%	2%	100%
	非正式	45%	35%	0%	0%	11%	3%	6%	100%
关系好的平级和下级	正式	47%	39%	0%	0%	10%	2%	2%	100%
	非正式	29%	22%	0%	0%	15%	13%	21%	100%

在正式场合，称呼自己的上级（关系一般 vs 关系好），称呼语的使用频率差异不大，以英文名（33% vs 30%）、姓＋职衔（32% vs 27%）和"老板"（23% vs 26%）三类为主；在非正式场合，称呼上级时，首先以英文名为主，其次为"老板"和姓＋职衔。若和上级关系较好，姓＋职衔的使用频率大大降低（7%），字头＋姓和中文名的频率则有所增加（14%、10%）。

称呼平级和下级时，英文名和中文名为绝对主导，但是在非正式场合，称呼和自己关系亲近的平级和下级时，称呼语的选择更加多样化，见最底行数据。背后的原因是"多种称呼的自由变异代表着比名更高程度的亲密"（Brown，Ford，1961：378）。

与称呼平级和下级相比，称呼上级时中文名的使用频率大大降低。例如，在正式场合，称呼关系一般和关系好的平级和下级时，中文名的频率均为39%，表明这时候亲密度不起作用，而称呼上级时使用中文名的相应比例是5%和6%。此时，英文名的使用频率上升。

总体而言，虽然场合、会话双方的地位和亲密度仍然会影响到称呼语的选用，但所起的作用不是特别大，因为不管是何种场合、会话双方关系如何，称呼英文名基本是不会错的。同时，欧美企业所追求的人人平等的称呼文化因外企员工受中国传统文化的影响并不能完全得以实施，例如同样是名字，一部分人觉得称呼上级英文名很自然，而称呼中文名时还是会觉得有点别扭。

（三）称呼语与企业文化

此部分在问卷中以陈述句的形式出现，让答卷者选择对八种观点的认同度，答卷者的态度统计结果见表7.4。

表7.4　对欧美企业文化的认同度（人数和百分比）

	观点	同意	中立	不同意	合计
1	外企工资高，待遇好，有优越感。	42（35%）	45（37.5%）	33（27.5%）	120（100%）
2	外企的管理模式很好，工作效率高。	91（75.8%）	18（15%）	11（9.2%）	120（100%）
3	外企的工作压力大，管理不够人性化。	22（18.3%）	26（21.7%）	72（60%）	120（100%）
4	外企员工太追求个人主义，缺乏亲情感。	19（15.8%）	18（15%）	83（69.2%）	120（100%）
5	公司内部同事彼此称号英文名字，让人感觉没有等级制度，更好沟通，有利于工作。	81（67.5%）	25（20.8%）	14（11.7%）	120（100%）
6	称呼自己的上司时，直呼其中文名会觉得很不尊重，而用英文名就避免了这种感觉。	92（76.7%）	18（15%）	10（8.3%）	120（100%）
7	工作中，如果大家哥姐相称，有时掺杂太多的情感因素，不利于秉公处事。	61（50.8%）	30（25%）	29（24.2%）	120（100%）
8	工作中，称呼语应体现出职位级别，这样更有利于工作的开展与执行。	16（13.3%）	51（42.5%）	53（44.2%）	120（100%）

1~4 项反映大家普遍认为欧美企业的管理模式很好，工作效率高，工作氛围、人际关系融洽。5~8 项表明，在欧美企业中，大家比较认同使用名字，尤其是英文名，不太赞同使用职衔或哥 / 姐。因为名字更能体现出平等，有利于沟通和工作；而英文名作为国际化的象征，更是给受传统文化影响的中国员工提供了一个恰当的称呼方式，在拉近彼此距离的同时又能够消除对上级、长者的不尊重之嫌。在一个企业中，如果称呼方式太多太复杂，必然会影响到工作效率。若每称呼一个人都要经过一番思考斟酌，浪费精力不说，因称呼不当而影响了人际关系，也是不必要的麻烦。如果大家都以名字相称，避免繁文缛节，必然会营造和谐、平等、轻松的工作氛围，更有利于每个人充分发挥自己的才能，创造出更大的价值。

四、欧美企业的称呼特点

为了对欧美企业的称呼模式有一个更全面深入的了解，针对以上分析，笔者又进行了进一步的访谈，佐证和补充问卷数据，并概括出一些在华欧美企业中国员工的称呼特点。

（一）英文名和中文名最受员工青睐

名字的使用在欧美企业可以不分年龄，跨越级别。大家普遍认为名字更亲切、更平等。以下是笔者访谈 A 女士和 E 男士的部分内容。A 曾在一家欧美企业工作两年，目前在私企工作，但仍然喜欢外企称呼模式。E 曾从私企跳槽到一家英国律师事务所，也很喜欢外企称呼模式。Z 代表访谈者。

（1）Z：听说您既在外企工作过，又在私企工作过，能谈谈这两种企业称呼模式上有什么不同吗？

A：在外企，我们基本上称呼名字，而私企爱用"领导""什么总"之类的。

B：那您更喜欢哪种称呼方式呢？

A：当然是喜欢称呼名字了，更容易拉近距离，不管是同级也好，上下级也好。我不喜欢"领导"这样的称呼，无形之中给人加上了头衔，俗气！

（2）E：在外企我们称呼英文名，在私企称呼"某律师"，如"王律师"。

Z：您更喜欢哪种称呼方式呢？

E：都还好，不过名字更随意、亲切。称呼"律师"显得比较正式，但在私下就会显得有点客气、生分。

可见，名字之所以在欧美企业受到欢迎，是因为它消除了等级观念，能够拉近人与人之间的距离和感情。

（二）基本不用姓＋职衔的称呼方式

从调查对象的反馈来看，在华欧美企业的员工，基本不用姓＋职衔（如"王总""张经理"）来称呼上级，但技术部门由于工程师较多，会用到"王工""李工"这样的称呼。故此说明，之前统计中有一部分人选择在正式场合以姓＋职衔称呼上级，可能主要是指代姓＋工。被访谈到的几位人员都表示，公司内部不用职衔类称呼。

（3）Z：你在公司会称呼上级"某经理"吗？

C：刚去的时候为表示礼貌和尊重，这样称呼过，但后来发现别人都直接称呼名字，我就觉得称呼"经理"有点怪，也实在叫不下去了，就改称英文名了。

Z：你觉得称呼职衔有什么不好吗？

C：恩，有。在和其他部门交涉问题时，若提到"我们经理"或"某某经理"，人家可能不知道具体指代谁，但若直接说名字，便一下子就明白了，方便！

C的说法也得到了西门子小 G 的认可。职衔之所以不被使用，一方面是因为它给人加上了头衔,体现出了职位的高低,产生了等级,疏远了彼此的距离;另一方面,也是因为欧美企业分工较细,部门较多,因此不称呼"经理"也可以避免指代不清。

(三)很少使用姓+哥/姐类拟亲属称谓

一位在美企实习的同学谈到自己刚去工作时,总觉得以英文名称呼年龄大一点的上级不太礼貌,就习惯上加上一个"姐",如"Nancy姐"。然而,调查表明欧美企业的员工很少这样使用、也不太喜欢这类称呼。

(4)Z:你们会用到姓+哥/姐这样的称呼吗?

B:完全没有。要是那样的话,在外企是会被鄙视的。据说刚来的时候,大老板开会时明确说到不让这样用。

此外,赛诺菲的H说到"又不是亲兄弟姐妹,称呼哥姐有点故意套近乎。通常,都是那些受教育程度不高的人才这么称呼人的,如修理工、卖房子的。"潘攀(1998:36)有类似结论,认为亲属称谓语的泛化具有地域性和阶层性倾向,农村地区的泛化比城镇普遍,在受教育程度低的居民中的泛化比受教育程度高的普遍。

我们中国人遵循的是集体主义，四海为家，难免会借助亲属称谓拉近彼此间距离，建构家人式的亲近。然而，大部分欧美企业制度严明，杜绝拉帮结派或者员工关系过分亲密。在这种工作氛围下，大家追求的是个体主义和平等自由，使用拟亲属称谓确实不太合适。

（四）会背称自己的上级为"老板"，但很少用于面称

有一点让人困惑的是，既然大家不喜欢用姓＋职衔的方式称呼上级，那为什么"老板"会受到欢迎，且在一定范围内使用呢？针对该问题，A 的回答是"老板并不一定是指最大的老板，一般用来指代自己的直接上司。因为在外企，你的直接上司考核你的绩效，比较重要。有时在和外人谈工作时，会提到'这个问题，我需要向我们老板咨询一下'"。B 的回答是"我们在和第三者谈论工作时会提到'我们老板''你们老板'之类的，觉得这样比较方便，比较正式。在私下里，一般用英文名。直接称呼上司时基本也是用英文名。"

其实，"老板"代表权威，是一个通用称呼语，并不是指代某个具体的人。在工作中，和第三方谈论工作时，为了体现工作的重要性或决定的慎重性，往往会用到"老板"这个集地位和权力于一体的称谓词。

（五）技术、行政部门的称呼模式有所不同

据多名受访者反馈，外企行政部门和技术部门的称呼模式有很大不同，下面是研究人员与 ABB 公司 D 先生的谈话。

（5）Z：你们公司一般采用什么样的称呼模式呢？

D：我在技术部门，由于工程师比较多，习惯上称呼"姓＋工"。行政部门更灵活，一般称呼英文名。

Z：技术部门有直接称呼名字的吗？

D：有，不过一般年轻人（使用得）多一点。

从中可以看出，欧美企业的行政部门多使用英文名，技术部门则更多使用姓＋工和中文名。至于技术部门为什么没有遵循欧美企业的整体称呼模式，D是这样看待的，"毕竟是中国人嘛，受中国传统文化的影响，叫'某工'是表示对人的尊重"。技术部门员工的称呼模式可能主要归因于其专业背景和工作性质。和行政部门相比，技术部的工作人员多出身于理工科，对外联系也比行政部门少一些，所以受外来文化影响略小，比较喜欢传统一点的称呼模式。但是同样是技术部门，公司与公司之间也有差异。ABB 的技术部门似乎更传统

一点，使用姓＋工较多，而美国通用似乎更开放一些，虽然也会使用姓＋工，但可以跨越年龄界限，直接以中文名称呼年长的同事。

（六）称呼模式与企业本土化程度有关

虽然在华欧美企业的称呼语在整体上趋于一致，以名字为主，但如上文提及，在部门之间、企业之间仍然存在差异性。在十家企业中，亚马逊体现出较为明显的差异。

（6）Z：你们在亚马逊使用什么样的称呼？

F：中文名或者姓／名＋哥／姐。

Z：你在哪个部门啊？你们使用英文名吗？

F：我在运营部。在我们部门，大家不用英文名，但是当我们说到整个中国运营区域的头儿时，我们叫他 Peter Pan。还有就是在我们进来前，人力资源处那个面试我们的女的，我们叫她 Ivy。

Z：你们用"某总"来称呼老板吗？

F：不用，并且我也没听见过别人用。

F 的话可以在一定程度上反映该公司该部门的称呼特点。此外，亚马逊人力资源部的管先生在一次讲座中也曾提到,对于有海外背景的工作人员,他们一般称呼英文名;而对于没有这样背景的,且职位不高的人,一般使用中文名。后来,我们了解到亚马逊(中国)的前身是一家叫卓越的民营企业。因此,它受本土文化的影响比较大,也就出现了典型的中国式称呼"哥/姐"。综合上文提到的不同部门之间的称呼差异,可以得出初步结论,在华欧美企业的称呼特点与其本土化程度有关。

综上所述,整体上来讲,在华欧美企业称呼语的模式比较单一,基本以名字为主。该模式体现的是西方称呼模式的精髓,注重平等。同时,它也略带一些中国人的特点,如姓+名、姓+工两类称呼的使用。因此,其称呼模式内涵上属于西方模式,形式上属于中西结合。

这点主要发现和 Morand(1995)提到的美国一些企业鼓励员工之间相互称名相吻合,并且表明该政策在中国的欧美企业已广泛推广开来并形成了一种固定模式。但员工们更多愿意选择使用英文名而不是中文名来称呼上级,表明中国人受传统文化的影响比较大,潜意识里还是受到尊卑有别、长幼有序思想的影响,在接受这种外来文化时会有点不适应,试图找到一种折中的方式。当然,"老板"的使用情况说明在一个企业内部,不可能实现所有员工之间绝对的平等。毕竟一个企业的良好发展需要有决策者和领导者,"老板"就代表着权威。

五、欧美企业称呼模式的启示

欧美企业的称呼模式及员工对其的认同度，让我们意识到影响称呼语的因素会随着人们意识形态的转变而发生变化，权利、性别和年龄这些因素的影响作用在逐渐减弱。这体现出了一种平等的趋势。李明洁（1996）指出在上海，"先生""小姐"取代"叔叔""阿姨"是中国由重视亲缘的传统社会向注重个人平等交往的现代社会转变的标志之一。Morford（2010）也提到，法语中第二人称代词 Tu（熟悉体）的广泛运用表明如今的社会距离和阶层界限已不像过去那么重要，这说明称呼趋向平等化是一种国际趋势。

中国人受传统思想的影响，比较喜欢使用姓＋职衔来表示对上级的尊重，彰显领导的权势。然而，姓＋职衔的称呼会给人带来诸多不便，例如，一名领导因犯了错而被贬职，该如何称呼就成了一件令人头疼的事。这种称呼模式也会助长被称呼者的虚荣心。一个人明明是副职，却喜欢别人称呼他时把"副"字去掉，这是官本位、权本位的思想在作怪。中国人有时也倾向于使用拟亲属称谓以示普天之下为一家，凸显亲近。拟亲属称谓固然比较亲切，但在职场使用就会显得有点不合时宜，公司毕竟是办公的地方，"哥""姐"相称会显得单位的管理有不专业之嫌。

称呼语是企业文化的一部分，起着调节人际关系的作用。公司内部大家互称名字，可以消除等级观念，跨越级别与年龄，营造一种平等自由的氛围，能够使大家在工作中避免畏惧上级的心理，踊跃表达自己的想法。一个企业的发展需要集体的智慧，领导者若要集思广益，就必须放低姿态，了解员工的心声，拉近与他们的距离。而此时，互称名字的模式就起到了至关重要的作用。正如沃尔玛的创始人 Sam Walton 在总结自己的成功经验时提到，"聆听公司每个员工的心声并试图找出办法让他们踊跃发言"（Bradly，Ghemawat，2002）。如果一个公司等级森严，拉帮结派是不可能实现每个人自由发言的。小小的称呼语看似无关紧要，但它却能体现企业文化，影响工作效率。本研究发现有超过三分之二的调查对象认为，相互称名更有利于工作。该称呼语模式的认同度如此之高，希望其他企业也能够借鉴，从而营造更和谐的企业文化，促进企业的发展。其实，人们心中皆有一种潜在的渴望，那就是消除称呼语的繁杂化和庸俗化，实现一种与国际接轨的平等型称呼模式。

第八章　模因论视域下
"亲"的语义泛化

一、研究背景

  语言是反映社会文化的一面镜子，语言演变与社会现实的变迁如影随形。人们的思想观念不断更新，导致社交称呼语频繁更替，一个典型的例子就是社会通称"亲"的出现及其传播过程。人们在不经意间发现，"亲"已经像"先生""小姐"等社会通称一样广泛应用于人们的日常生活中了。如，"亲，你的关心我都记住了。""终于下雪了，亲们注意保暖啊！"随着"亲"的广泛使用，学术界对其语义演变及流行原因进行了研究。李伟（2009）、周旭和谭静怡（2009）、刘玮娜（2012）、王家学（2014）等学者对"亲"的新词义、新用法进行了解释。但以往文献对"亲"语义演变的内在机制缺乏较系统的解释，本章尝试从模因论的视角对"亲"的语义演变进行分析。

二、模因论

（一）"模因"的定义

"模因"（meme）这一概念由 Dawkins（1976）在其《自私的基因》（The Selfish Gene）一书中仿照"基因"这一概念提出。何自然和何雪林（2003）将其翻译为"模因"，突出其模仿之义。它是一种文化传播单位，其形式可以是思想观念、服装款式、房屋建筑样式、语言单位等。任何一个信息，只要它能够被模仿而得以复制和传播，就是一种模因。Blackmore（1999）将"模因"定义为"不同的人之间相互传递的东西，可以是一个观念、一个教诲、一个行为、一条消息等"。Gatherer（1998）认为，模因是文化模仿单位，是一种可以直接观察到的社会文化现象。基因和模因在人类进化史中相辅相成，基因通过遗传而繁衍，模因通过模仿而传播。

语言模因是模因的语言表达形式。语言模因的复制和传播过程就是语言信息表征的变化和扩散过程。在模因被复制和模仿的过程中，语言的表征形式可能会发生变异，或产生模因变体，这一过程会推动语言成分的语义变异和演变，如发生语义泛化现象。模因论的视角有助于揭示出语言模因的传播和扩散规律。

Dawkins（1976）列出了模因的三个特征：复制忠实度、多产性和长久性。模因的复制要经历四个阶段：同化、保留、表达和传播。同化指模因被宿主（即使用者）注意、理解并接受；保留指模因在宿主的大脑中停留；表达指在与其他个体交流时，模因必须由记忆模式转化成宿主能够感知的有形体这一过程；传播指通过有形载体或媒介将模因传递给其他宿主。模因可分为强势模因和弱势模因。语言模因的强弱，取决于它"本身的魅力（即是否得到广泛认同）"和"传播的社会时空情景"等因素（何自然，2014：10）。

（二）模因论在流行语研究中的应用

模因论已被成功地应用在解释社会流行语的传播方面。由于流行语最显著的特征就是模仿和传播，所以可以将其视作一种典型的语言模因。赵改梅和王晓斌（2007）以2001—2003年的流行语为主要研究对象，从模因论角度对流行语的传播规律作了细致分析，并指出：流行语的传播和其他模因传播一样都会经历传输阶段、解码阶段和传染阶段。张子宪（2013）在模因论的框架下对"×控"流行语进行了探讨，并挖掘了背后复杂的社会文化现象动因。

网络流行语是流行语中不可或缺的一部分。曹进和刘芳（2008）运用模因论中模因传播的四个阶段对网络流行语的特点进行了分析，并对网络语言成为成功模因的可能性、合理性及优势进行了探究。刘桂兰和李红梅（2009）对

"××门"现象进行了分析，探讨其成为强势模因的动因和内在生成机制。张国和姜微（2011）从模因论和模因周期论的角度，对网络流行语"给力"进行了研究，并对其起源、复制、传播及语用学价值进行了讨论。

三、"亲"的语义泛化和模因论的解释

根据《现代汉语词典》（第6版），"亲"的传统意义有：①父母，如双亲；②（形容词）亲生，如亲女儿；③（形容词）血统最接近的，如亲弟兄；④有血统或婚姻关系的，如亲戚、亲友；⑤婚姻，如结亲、定亲；⑥指新妇，如娶亲、迎亲；⑦（形容词）关系近、感情好，如不分亲疏、亲近；⑧（动词）跟人亲近（多指国家），如亲华、亲民；⑨亲自，如亲临、亲赴；⑩本人的，自己的，如亲身、亲手；⑪（动词）用嘴唇接触（人或东西），表示亲热、喜爱，如亲嘴。在以上传统语义义项中，"亲"可以用作名词、形容词、动词等。但是近几年来，"亲"已成为汉语中一个时髦的流行语，其语义发生了很大的变化。归纳起来，"亲"的语义演变和扩散经历了以下四个阶段。

（一）第一阶段：称呼粉丝

2005年，周笔畅参加了湖南卫视主办的"超级女声"比赛，拥有了一批忠实的歌迷，称为"笔迷"。她在百度贴吧开创"周笔畅吧"，并在公开场合称她的粉丝为"笔亲"，意思为"周笔畅的亲人"。"笔迷"们也以"亲"互称，亲如一家人。"笔亲"们因对周笔畅的共同喜爱而走到一起，有"中国第一粉丝团"的美誉。"亲"自此开始作为一个社会称谓语被人们使用，并作为一个语言模因在娱乐圈中飞速地传播。粉丝们开始用"×亲"来表示自己属于不同的粉丝群体，明星们本人也开始使用"×亲"来称呼他们的粉丝，它成为获得粉丝支持、爱戴和理解的最好称呼，例句如下。

（1）我们轩亲都是含着一颗对安以轩的爱的心走到了一起。（百度百科 2008 年 7 月 25 日）

（2）祝全世界的梨亲新年快乐！（晓文心事信箱，2008 年 1 月 1 日）

（3）在线的杰亲都进来这玩会。（百度贴吧）

（4）饭亲们，你们爱武艺哪一点呢？（搜狗问问，2010 年 11 月 25 日）

在以上例子中，"轩亲"指安以轩的粉丝；"梨亲"指歌手李娜的粉丝；"杰亲"指张杰的粉丝；"饭亲"指"超男"武艺的粉丝，因其绰号"午饭"而得名。

在这一初始期，"亲"这一词素出现在名词的后边来组成"×亲"结构，位置较为固定，前面一般是某位明星昵称中的一个字。类似用法的大量出现和传播体现了成功模因的多产性和复制忠实性特点。推动这一阶段"×亲"语义泛化的是这一语言模因被大量模仿和再创造，在娱乐圈这一领域进行小规模的传播。

"亲"指称粉丝这一新用法来源于韩国语中的汉字词"亲旧"，读作 qin gu，意思为"朋友"，许多韩国明星以这种方式称呼其粉丝。"亲"因跟韩语中的"qin gu"发音相似，而被中国的韩粉们仿效和采用，这体现了年轻人乐于使用新的模因符号来表达自己的思想观点及价值认同。

（二）第二阶段：称呼有相同爱好的人

很快，人们开始用"×亲"这一形式来称呼与自己有相同爱好的人，尤其在网络论坛中广泛应用，如"吧亲、球亲、宅亲、驴亲、公考亲、考研亲"等。语言模因"×亲"的语义进一步泛化和传播，例句如下。

（1）今天，给宅亲们带来了一个小福利，只要动动手指，iPad mini、Chianjoy 门票，以及美邦包包任你拿。（天涯论坛，2013 年 6 月 6 日）

（2）嗯，是球亲传过来的游戏，我就不点名啦，大家谁觉得要是有意思的话就拿 去做吧！（风邪博客，2009 年 4 月 29 日）

（3）于波吧祝吧亲们中秋节快乐！（百度贴吧）

（4）公考亲们，想测评你备考的真实水平吗？（天涯论坛，2011.11.5）

在以上的例子中，"宅亲"指的是闲暇时间愿意待在家里不愿出门的人；"球亲"是指爱看球赛的人；"吧亲"是指爱逛贴吧的人；"公考亲"指正在准备参加公务员考试的人。在这个阶段，"亲"依然主要出现在名词之后，结构稳定。词素"们"可出现在"亲"后边表示复数形式。这一时期，模因的复制和传播主要是表现型，具有相同的结构但内容不同。尽管这一时期的复制器是多产的，但是受传播媒介和主体的限制，主要应用在论坛和贴吧上，称呼与自己爱好相似的人，而且称呼者和被称呼者一般是陌生人关系，彼此不熟悉。

（三）第三阶段：称呼网购顾客

"亲"语义进一步泛化的一个标志性阶段是它开始作为社会通称被用在网络购物中。据凤凰财经网吴丽华❶报道，第一个使用"亲"来称呼顾客的淘宝卖家是程情团队，他们创造性地使用了"亲"来称呼顾客。"由于店铺的定位是时尚的、感情细腻的、有品位的 25~35 岁的都市女性，大家的交流也更注意沟通的顺畅和舒服。刚开始用'亲爱的'，但是随着生意越做越好，客户越

---

❶　吴丽华. 天猫上的卖家：明星卖家陨落游戏规则正在变化 [EB/OL]. （2013-08-22）[2017-09-03]. http://finance.ifeng.com/a/20130822/10500663_0.shtml.

来越多，'亲爱的'不知道什么时候自然而然地变成了'亲'。随着客户的增多和传播，'亲'变成了淘宝的官方用语"。据程倩丈夫的哥哥武青云回忆，程倩团队早在2004年、2005年的时候就已经开始用这样的称呼。但当时淘宝上"亲"的应用范围不是很广泛。

随着"×亲"模因在娱乐界、网络上传播的加速，此时的"亲"呈现双源合流（源头一是来自韩国语中的汉字词"亲旧"，源头二是汉语"亲爱的"之简写）、加速传播的态势，开始以意想不到的速度在淘宝网上迅速传开。网店店主为了缩短与顾客之间的心理距离，不管顾客是男是女，都开始选用"亲"来称呼他们。几乎在一夜之间，"亲"被广大网民所熟知，并迅速成为淘宝、天猫等网站购物使用的标准称呼语，为买卖双方使用。在教育部、国家语委公布的《2009年中国语言生活状况报告》中，"亲"已经正式成为社会通用词语，例句如下。

（1）亲，欢迎来淘宝！（淘宝首页）

（2）亲，您订购的香奈儿孟买女包已发货，亲注意查收哦！（天涯社区2011年11月5日）

（3）顾客：亲，在吗？

恋上冬日（店主）：在的，亲，有什么需求？（阿里旺旺对话）

（4）爱漂亮的亲们来看看哈！（淘宝论坛）

与"先生""小姐"等社会通称相比,"亲"更加时尚,更容易被年轻人所接受。用"亲"来称呼顾客可以展示一个良好的形象,并能够与顾客建立起平等的关系,拉近买卖双方的心理距离,有助于交易的达成。上面的例子显示,这一时期,这一语言模因常以"亲……哦"的形式为代表。模因与模因集结,形成了模因复合体,"亲……哦"可以视作一种模因复合体,抑或模因变体形式。

(四)第四阶段:工作和日常生活中称呼熟人和陌生人

"亲"俨然已成为一个强势模因,一个流行的社会通称。其使用范围继续扩散,从线上迅速发展到了线下,除了称呼陌生人,它也开始被用来称呼熟悉的朋友,用于电话短信、网络聊天、面对面的日常交谈中,"亲"成为2011年汉语十大流行语之一,例句如下。

(1)南方的亲,周末抓紧晒被子,雨又要来了。(微博)

(2)亲们请密切关注中国人民大学招生网站哦!(微博)

(3)昨晚梦到你们一群了,301的亲们。(人人网)

(4)——亲,明天什么时候回家?

　　　——看看吧,后天呢,亲,你呢?(同学间的对话)

（5）亲们，咱们什么时候聚个会啊？（班级群聊天）

（6）有没有工作后又回归校园的亲？大家来交流交流啊。（天涯论坛2014年2月20日）

（7）亲，帮忙拿一下快递呗！（同学短信）

从以上例子可以看出，"亲"不仅可以在网络上称呼陌生人，在网购交流中称呼顾客，还可以在日常生活交流中称呼熟人，已正式成为社会通用称呼语的一个新成员。此外，在此阶段"亲"甚至被广泛地用在广告、新闻等正式场合，一些政府机构为了建构亲民的形象也开始使用"亲"，例句如下。

（8）亲，祝贺你哦！你被南理工录取了哦！不错的哦！211院校哦！奖学金很丰厚的哦！门口就有地铁哦！（2011南京理工大学的大学录取通知书）

（9）亲，你大学本科毕业不？办公软件使用熟练不？英语交流顺溜不？驾照有木有？快来看，中日韩三国合作秘书处招人啦！……不包邮哦！（2011年外交部招聘通知）

（10）亲，前方13千米连续下陡坡，急弯，请不要超速，超车哦。（交警指挥牌告示）

"亲""亲们""×亲"是最流行的三种语言形态。其核心语义始终围绕着

"亲人""亲近"的意思发展。"亲"可以单独用来指称听话人,其位置相对灵活,可出现在句首、句中和句末;"亲们"是复数形式;"×亲"结构最具能产性,×词素可以是名词、动词、形容词、代词和量词,如用法"土豪亲""同考亲""有试过的亲""这位亲""两位亲"。"当某种语言模因经电视、报纸、网络的宣传后,接受和使用它的人越来越多,由一个言语社团扩展到另一个言语社团,甚至到全民共同语中,生命力不断得到加强,最后成为一种相对稳定的模因固定在言语结构中"(赵改梅,王晓斌,2007:27)。在大众传媒的帮助下,"亲"已渗透到个人的生活之中,跟"先生""小姐""同志"一并成为汉语社会通用称呼语的一部分。

四、小结

"亲"作为一个新的称谓语,其传播和扩散经历了十多年的时间,依然显示出较强的生命力。它自身的语言特性和社会环境二者共同促使它成为一个强势模因。首先,"亲"及其变体形式结构简洁,使用起来方便快捷,这天然的优势使它们得以在众多竞争模因中脱颖而出。可以说,称呼语的选用也是各个称呼语模因相互竞争的结果。其次,"亲"的传播和语义泛化满足了当今中国社会和时代的需要。目前,汉语中存在通用社会称呼语的缺失现象,"先生""小姐""师傅""同志"等泛尊称皆对应着不同的社会价值观,并不适合所有场合使用。很多社交场合存在称呼选择困境的现象。"亲"在线上、线下、非正式场合、正式场合得以被广泛使用，皆因汉语社会通称的长期缺失，是宏观的社会环境滋润了它的生长，造就了它成为强势模因的条件。当人们需要一个便捷（而非绞尽脑汁的选择结果）、时尚且能表达足够礼貌甚至亲近度的社会通称时，"亲"就应运而生，并迅速得以扩散。

本章从模因论的角度对"亲"的语义泛化过程进行了分析，并对每个阶段"亲"的使用特点及传播范围进行了探讨。模因论的视角为我们研究社会称呼语提供了一个新的视角，有助我们把握语言传播和变化的规律。我们预测社会通称"亲"将继续存在并继续扩散，直到有更新颖、实用的称呼语模因取代它。

第九章 网络拟亲属称谓语的语义演变

一、研究背景

称谓语系统是现代汉语的重要组成部分，它是一个开放的词汇系统。称谓语系统随时代的变迁而不断发展，不同时期的称谓系统会孕育出独具时代特色的称谓形式。

1994 年 4 月 20 日，中国通过一条 64K 的国际专线接入国际互联网，中国互联网时代从此开启并飞速发展。据 2014 年第 33 次中国互联网发展状况统计报告显示，我国网民规模达 6.18 亿。其中，20~29 岁年龄段网民的比例为 31.2%，10~19 岁年龄段为 24.1%，30~39 岁年龄段为 23.9%。总体来说，中国互联网主力军是一群充满朝气和创造力的年轻一代。

随着网民数量的不断攀升，互联网在人们生活中起到了越来越重要的作用。这也推进了大量有别于传统语言的网络语不断推陈出新，其中包括许多与亲属称谓语有关的网络新词和热词，如"芙蓉姐姐""犀利哥""房叔""范爷"等。这些称谓语都包含亲属称谓词，但是它们所表达的意义却完全不同于传统的拟亲属称谓语。本章中所说的网络拟亲属称谓语指的是主要在互联网上使用的、语义有别于传统亲属称谓语的称谓方式，如"犀利哥""芙蓉姐姐"。"虎妈""狼爸"这样的称谓语并不包括在内，因为虽然其构词模式相似，但这些词语的称谓对象在日常生活中依然是妈妈、爸爸的身份。另外，诸如演员周星驰"星爷"和周润发"发哥"这样的称谓语也不在本章的研究对象之列。本章的主要目标是分析网络拟亲属称谓语和传统亲属称谓语有何不同，对网络拟亲属称谓语进行总结和归类，分析其语言特点和构词规则，然后探讨它们在具体语篇中表达的深层意义，以及折射的时代特征和社会心理。本章中的网络拟亲属称谓语例子均取自 2003 年之后的博客、电子报、网络评论等网络资源。

二、网络拟亲属称谓语的特征

（一）网络环境

由于网络没有传统的监管和限制，网民有更大的自由来充分发挥自己的想象力和创造力。作为信息的接受者、制造者和传播者，中国庞大的网民群体热衷于发掘社会生活中新奇的人物、事物并在网上掀起讨论热潮，正因如此，社会热点事件也往往是网民关注的焦点。然而，网络社区成员流动性较强，导致形成了社交网络处于弱联系状态。这种弱联系的社交网络为语言创新提供了一片沃土。所以，很多流行词语最先在网络上出现，这些词语简单、形象、内容丰富，且构词力极强，很容易被网民接受。当下流行的网络拟亲属称谓语即是如此。以"犀利哥"为例，这个称谓语虽然形式简单，但却包含了丰富的意义：乞丐身份、具有穿透力的深邃目光、模特般的步态、品位不凡的衣着打扮。"犀利哥"迅速风靡网络，并当选教育部网站公布的 2010 年春夏季中国报纸十大流行语第一。

语言是一种社会现象，它是在社会中产生并发展起来的。可以说，没有社会，就没有语言。语言的发展和时代的进程是同步的，各个时期的语言都有时代赋予它的独特烙印。网络拟亲属称谓语作为一种新兴的语言现象，也有其自身独特的性质和文化色彩，能够折射出当今的社会心理。

（二）网络拟亲属称谓语的发展脉络

从网络拟亲属称谓语的流行程度和短期内其他相似新创词语的爆发过程来看，网络拟亲属称谓语的发展大致经历了四个阶段。

第一阶段："芙蓉姐姐"的出现标志着网络拟亲属称谓语的诞生。2004 年，一个女孩儿以"清水出芙蓉，天然去雕饰"为题，上传了一组自拍照，她爆棚的自信和出格的行为吸引了众多网友的注意力，并借此迅速火遍了大江南北。随后，"芙蓉姐姐"这一称号连同她背后的故事从网上烧到了大众的现实生活中，一时之间街知巷闻。"芙蓉姐姐"作为第一个出现的网络拟亲属称谓新词，对于随后大量涌现的网络拟亲属称谓语来说具有里程碑的意义。

第二阶段：×哥、×姐结构的网络新词大量涌现。2010年，一位名叫程国荣的乞丐，因其独树一帜的着装方式和直入人心的深邃目光而爆红网络，被网友称作"犀利哥"。这一称谓激发了网友们的巨大创造热情，各种"哥""姐"组合横空出世，比如"三轮哥""奔跑哥""火车哥""咆哮哥""装酷哥""淡定哥""著姐""喂奶姐""嚣张姐"等。"哥""姐"传统上用来称谓年龄长于自己的同辈人，以表达对对方的尊敬，但以上用法和传统亲属称谓表达的意义相差甚远。究其结构，×可以是名词、动词或形容词；究其词义，亲属关系这一语义特征彻底消失。

第三阶段：首先，网络拟亲属称谓语所指对象从普通大众扩展至娱乐圈。其次，亲属词不再局限于"哥"和"姐"，×爷、×叔等称谓形式渐渐出现。例如，范冰冰因身着龙袍礼服出席戛纳开幕式，加之平日无所畏惧的作风被网友称为"范爷"，演员周冬雨和刘诗诗也都因与自身形象不符的豪爽性格分别被叫做"周叔"和"刘爷"。

第四阶段：这个阶段的网络称谓语和前三个阶段差异甚大，此类称谓对象大都是因受贿拥有大量非法财产的贪官。2012年，陕西省安监局局长杨达才被网友发现在不同场合佩戴各类价值不菲的名表，被称"表哥"；2013 年，广州市城管执法局分局政委蔡彬被爆全家拥有 20 多套房产，被称"房叔"。随后，拥有大量房产的贪官相继被曝光，这也使"房爷""房姐""房婶""房奶"等"房"氏家族大热于舆论。这些称谓对象都是指通过非法手段获取大量房产的官员或其家属，并形成了"房＋亲属关系词"的稳定构词模式。

除此之外，网络上还出现了像"讹人大妈"这样特殊用法的拟亲属称谓语。"讹人大妈"事件说的是 2013 年，一名外国人在北京街头因扶一位摔倒的大妈遭讹 1800 元，不过事后调查证实，外国小伙所骑摩托车的的确确撞到了中国大妈。网上也有"最美妈妈"的说法。"最美妈妈"指在浙江省杭州市滨江区勇于救人的浙江嘉兴人吴菊萍。2011 年 7 月 2 日下午 1 点半，一个 2 岁女童从 10 楼坠落，吴菊萍奋不顾身地冲过去用左臂接住孩子，目前女童已脱离危险。救人的年轻妈妈吴菊萍，其手臂骨折，受伤较重，被网友称为"最美妈妈"。

2004—2013 年，网络拟亲属称谓语大量衍生，其构词模式也趋于稳定。网络拟亲属称谓语发展的第四阶段因其浓厚的政治色彩和与"房"等字搭配的固定结构和以往三个阶段大不相同。因此，网络拟亲属称谓语可以分为非政治类和政治类称谓语两大组。另外，这些拟亲属称谓语的变异现象也值得我们注意，如"沧桑犀利哥"和"修车犀利哥"，这两个称谓语的指称对象并不是类似最初的"犀利哥"。

（三）网络拟亲属称谓语的语法和语义特征

网络拟亲属称谓语大量涌现并迅速融入人们的日常语言生活中，这些看似杂乱无章的表达背后是否存在一定的规则呢？为了回答这个问题，下文从语法、语义两个方面对网络拟亲属称谓语的特征进行分析。

1. 语法特征

网络拟亲属称谓语都遵循着 × + 亲属称谓的构词模式。其中，× 可以是名词、形容词、动词或动宾结构。根据 × 的词类，网络拟亲属称谓语分为以下三大类。

（1）名词 + 亲属称谓。如范爷、曾哥、诗爷、冬叔、春哥、著姐、章鱼哥、奶茶妹、豆花妹、房叔、房姐、房爷、房婶、房奶、房媳、表哥、坟爷。

（2）形容词 + 亲属称谓（形容词突出称谓对象的性格）。如犀利哥、淡定哥、嚣张姐。

（3）动词 / 动宾结构 + 亲属称谓（突出称谓对象的行为）。如奔跑哥、抢修哥、快闪哥、烧烤哥、咆哮哥、撑伞哥、送水哥、喂奶姐、停车姐。

这些词条中有一个明显的语言现象：× + 亲属称谓结构中，亲属称谓词位置固定，都处于 × 之后，而且与传统亲属称谓词相比，其构词能力空前扩大，词汇意义逐渐弱化，语法意义增强，可称为亲属称谓词的词缀化。词缀化的亲属称谓集中表现在"哥、姐、爷、叔、奶、妹"等词上。亲属称谓词缀化后有两大显著特征。首先，它的组词能力大大增强，形成一个大的词语模槽，而该模槽具有很强的容纳力。也就是说，其前面加的词素可灵活替换，这是拟亲属称谓语能在短时间内席卷网络的关键所在。其次，作为名词词缀，它能够标示出派生新词的词类，不管 × 是名词、形容词，还是动词，一旦和亲属称谓名词组合在一起，整个词组就成了名词短语。

在带有强烈反腐政治色彩的网络拟亲属称谓词中，除了"表哥""坟爷"之外，其他称谓语大都是由"房"+ 亲属称谓词构成。这一构词模式可以用"房"+× 来表达。"房"是前缀词素，× 是亲属称谓语。房 × 词群的称谓对象都是因受贿拥有大量房产的政府官员。总之，网络拟亲属称谓语的创构并不是无章法可言，而是有一定的规律可循的。

2. 语义特征

对于网络拟亲属称谓语的语义特征，下面从构词方法、行业领域和区别特征三个方面进行划分并阐释。

第一，构词方法。

（1）名称（×）+ 亲属称谓。× 为公众人物的姓或名：范爷、曾哥、诗爷、冬叔、春哥、著姐。× 也可为拥有超能力的动物名：章鱼哥、鳄鱼哥。

（2）代表事件＋亲属称谓。如三轮哥、火车哥、证件哥、奶茶妹、豆花妹、房叔、房姐、房爷、房婶、奔跑哥、抢修哥、撑伞哥、烧烤哥、喂奶姐、停车姐。

（3）人物特征＋亲属称谓。如犀利哥、潇洒哥、贤淑哥、深邃哥、高挑姐。

不管采取何种构词方式，这些拟亲属称谓语在语义上都比较简单，是一种具有高度代表性的简练经济的概括。透过这些词语，大众能够快速便捷地和称谓对象、行为事件或特点建立关联，通过最小的心理投入获取最大的认知效果（涂海强，杨文全，2011：24）。

第二，行业领域。网络拟亲属称谓语的称谓对象来自社会的各行各业。最早出现的"芙蓉姐姐"是一个普通的北大借读女生；之后的"春哥"是常以中性打扮示人的歌手李宇春；"表哥"是另一类称谓语的代表，它的称谓对象是因受贿非法占有大量财产的政府官员。行业领域具体可分四类。

（1）普通群众。犀利哥、奔跑哥、抢修哥、撑伞哥、烧烤哥、喂奶姐、停车姐、奶茶妹。

（2）娱乐明星。如范爷、曾哥、诗爷、冬叔、春哥、著姐。

（3）体育大咖。如章鱼哥、鳄鱼哥。

（4）政府官员。如房叔、房姐、房爷、房婶、房媳、表哥。

第三，区别特征。中国传统亲属关系包括辈分（长辈／同辈／晚辈）、系属（父系／母系）、血或姻亲（血亲／姻亲）、长幼（年长／年幼）、性别（男／女）五个方面的意义要素，语义成分分析法就可以分析为 [± 长辈]、[± 父系]、

[±血亲]、[±年长]、[±男性]。通过对所收集到的网络拟亲属称谓语的分析，不难发现这些新创词在语义上已经形成了新的特征。首先，网络拟亲属称谓不一定具有"人类"这一语义特征，如"章鱼哥""鳄鱼哥"；其次，网络拟亲属称谓不一定对应单一个体，还可能具有"团体"的意义，如"楼道哥""风扇哥""板凳哥"；再次，网络拟亲属称谓的性别所指不一定对应称谓对象的生理性别，如"春哥""范爷"。所以，在对网络拟亲属称谓语进行义素分析时，以上三方面的语义特征也要考虑在内。因此，我们把传统语义成分中的[±男性]分为称谓语指称的性别和称谓对象实际的性别两类，分别用[±男性]（指称）和[±男性]（实际）表示，并加入[±人类]和[±个体]这两个新的义素。那么，网络拟亲属称谓语就有以下8个语义成分：[±人类]、[±男性]（指称）、[±男性]（实际）、[±长辈]、[±年长]、[±父系]、[±血亲]、[±个体]。网络拟亲属称谓语在很多方面和传统亲属称谓语的语义特征差异甚大。

（1）网络拟亲属称谓语的称谓对象不局限于人类，也可以是动物。比如"章鱼哥"，这是一只生活在德国海洋馆的名为保罗的章鱼，它因在2010年南非世界杯中出神入化的预测能力而声名大噪。每场比赛前，馆员把贝壳分别放入印有对阵双方国旗的玻璃缸中，让保罗从中进行选择，而保罗也不负所望，每次它所选择的一方会成为比赛的胜利者。在当年世界杯中，保罗精准地预测了德国队全部的比赛结果，被网友称为"章鱼哥"。"章鱼哥"的称谓完全脱离了传统意义上的亲属词，其承载的是网友对保罗超凡预测的惊叹和赞美。

（2）网络拟亲属称谓语模糊了传统的性别区分。亲属称谓词"哥"和"爷"可以用来指称女性对象。比如，"范爷"指的是作风果敢、气场强大的一线女星范冰冰；"春哥"则是因性格豪爽、打扮中性而被网友视为纯爷们儿的女性歌手李宇春；而亲属称谓词"姐"可以用来指称男性对象，如"著姐"指的是在"快乐男声"比赛中打扮女性化的男选手刘著。这些称谓已经丧失了相对应的男性或女性这一语义特征，它们所反映的是与当事人生理性别正好相反的性格或行事特点。值得注意的是，这种带有调侃和娱乐意味的称谓通常指称的是社会公众人物，人们能够第一时间把某一称谓和其所指联系起来，并从中捕捉到人物的性格特征和行事风格。

（3）网络拟亲属称谓语的使用几乎没有辈分、年龄的限制。传统亲属称谓中的"哥"或"姐"是用来称呼亲戚中同辈而年龄比自己大的男子或女子。但在网络拟亲属称谓语中，不仅称谓对象与称谓者之间没有任何血缘关系，连辈分、年龄这些语义特征也彻底消失。如"装醒哥"仅仅是一名四五岁的男童，他上课时打瞌睡，想要极力掩饰，强睁眼却更摇头晃脑的视频在网络爆红，并被网友封为"装醒哥"。由此可见，网络拟亲属称谓语在词义上已经完全跨越了辈分、年龄的鸿沟。

（4）网络拟亲属称谓语多使用父系和血亲的亲属称谓名词后缀，如"爷、叔、哥、姐"。本章所有的例子中，只有"房婶"和"房媳"例外，"婶"和"媳"

这两个词语的称谓对象虽属父系，但并不是血亲。这种用词父系和血亲的倾向性源于中华民族传统的家族伦理文化。数千年来，以父系、血亲关系维持的家庭和家族是中国社会的道德基础和社会稳定的基石。宗亲关系更为深厚和牢固的观念深深地扎根于中国人的心灵中，而网络拟亲属称谓语的创造也深受这些传统观念影响。

（5）网络拟亲属称谓语的指称对象可能是一群人或一个团体，而非传统称谓词所指的单一个体。例如，"楼道哥"并不是指一个人，而是武汉某高校一群为了避暑而睡在楼道里的学生；"板凳哥"指的则是众多拿板凳砸向劫匪的群众。

现代汉语口语中泛化较为定型的亲属称谓语有 16 个（潘攀，1998），网络拟亲属称谓语中的所有亲属称谓几乎都涵盖在这 16 个称谓语之中，并集中在"哥""姐""弟""妹""爷""叔""奶""婶"等词上。其中，同辈亲属称谓语的使用频率高于长辈亲属称谓语，晚辈亲属称谓语则从未出现，这一现象折射出网民普遍追求平等的社会心理。另外，同辈亲属称谓语中，就性别看，男性亲属称谓远远多于女性亲属称谓。这表明随着社会的发展和进步，虽然男女平等的观念已经深入人心，但在现实生活中，男性的社会活跃度远高于女性，男性仍处于优势地位；就年龄看，较之"弟"和"妹"，"哥"和"姐"用得更多。

三、网络拟亲属称谓语的语篇分析

某一语言结构孤立地来看或许并不具有任何社会意义，然后它一旦出现于特定语境之中，与其他结构相联系，便可能产生重要的社会意义。本节将结合上下文，针对网络拟亲属称谓语中的词例进行具体的语篇分析。由于词例数目较多，以下分析参照上文做法，将网络拟亲属称谓语分为非政治类和政治类两组，并从中选取最为典型的词例进行剖析。

（一）非政治类网络拟亲属称谓语

这一部分选取"芙蓉姐姐"和"犀利哥"两个词语进行分析。前者是第一个出现并爆红于网络的拟亲属称谓语，后者则引发了"×哥（姐）"的创造热潮。文中出现的语篇材料均来源于网络。

1．以"芙蓉姐姐"为例

任何信息都由词语构成，词语的选择从来都不是随意、偶然的，它是作者态度和立场的写照。不同的人对于同一事物或人物，由于立场不同，会选择不同的词语进行描述，同一个人在不同时期也可能使用不同的词语描述同一事物或人物。词汇选择是表达意识形态的一个基本手段。下面以"芙蓉姐姐"为例，通过分析语篇中人物描述时的用词，揭示其背后隐藏的社会心理或意识形态。

（1）芙蓉姐姐借网络成名，各大网站首页专题介绍，新闻媒体竞相跟进，捧她的人大多带着几分恶意搞怪的心态，骂她的人却都是出自真心地反感。❶

（2）芙蓉姐姐，当年一个普通的北大借读女，以敢露敢秀不屈不挠之精神，借助网络平台，迅速成为"家喻户晓"的网络红人！而不时地在网站上大秀自己的"特色"照片，是芙蓉姐姐一贯的吸引大众眼球的最有力方式。❷

上面的两段话中，"芙蓉姐姐"共出现 3 次，且每段均以此称谓语开篇。一般来说，主语是信息起始点，可以让读者一目了然地了解到事件的主题。两篇报道开头都用"芙蓉姐姐"（而非真实姓名）这一网络称谓来指称人物，这说明作者预设读者对这一称谓语的广泛接受度。"芙蓉姐姐"已经完全成为史恒侠的代名词，语篇中和此人相关的所有称谓都是"芙蓉姐姐"，可见报道的作者并不关心她的真实姓名是什么，读者也并不知晓，大家关注的对象始终都只是"芙蓉姐姐"，也只有这个网络称号才能让读者迅速定位到具体的人及其

❶ "芙蓉姐姐"网上爆红嬉笑怒骂褒贬不一 [EB/OL].（2005-06-27）[2017-09-03]. http：//edu.people.com.cn/GB/1054/3500556.html.

❷ 整容后的芙蓉姐姐重出江湖 [EB/OL].（2009-07-03）[2017-09-03]. http：//news.yule.com.cn/html/200907/48809.html.

背后的事。

第二例中，作者用"当年一个普通的北大借读女"来描述"芙蓉姐姐"，这使她原本普通的身份和如今颇高的知名度形成了鲜明的对比，不得不让人感到惊讶。而"家喻户晓"本身是一个褒义词，文中却使用了双引号，传达出一种消极的态度，这是作者对"芙蓉姐姐"以露和秀为手段博人眼球、自我炒作行径进行的讽刺和挖苦。更重要的是，作者利用语言描述来左右读者的认知，在上面消极内容的影响下，读者必然会对"芙蓉姐姐"心生厌恶感。

一些社会人士对于"芙蓉姐姐"的前景并不看好，断定她的走红只是昙花一现，然而，"芙蓉姐姐"长时间地活跃在人们的视线中，而且从最初大众的谩骂和嘲讽中逐渐得到人们的认可，这一点我们通过下面的报道可见一二。

（3）近日，网络红人芙蓉姐姐做客央视大型励志脱口秀节目《奋斗》。芙蓉姐姐居然上央视了！节目组精心设计了三个篇章"芙蓉前身、芙蓉传奇、芙蓉未来"讲述网络追梦人芙蓉姐姐八年的奋斗历程。

在谈到现在被大家称为"励志女神"是何感受时，芙蓉姐姐坦言很喜欢这个称号，并表示："只要用心去征服蓝天，任何人都可以飞翔。"❶

---

❶ 芙蓉姐姐做客央视脱口秀《奋斗》被称"励志女神"[EB/OL].（2012-01-17）[2017-09-03]. http：// ent.iqilu.com/tv/2012/0117/1061575.shtml.

本篇报道中，"芙蓉姐姐"共出现4次。作者在第一句话里用"网络红人"修饰"芙蓉姐姐"，足以见得她时隔八年，依然备受瞩目，之后又将其描写为网络追梦人，塑造了"芙蓉姐姐"一直为梦想而努力的正面形象。第二段开始，作者又指出如今的"芙蓉姐姐"被大众冠以"励志女神"的称号，令读者产生积极的联想。通过"芙蓉姐姐"做客央视励志脱口秀节目及上述正面的人物描写，可以看出她用自己的努力扳正了大众对她的认识，由原来的一个笑话变成了网络上的神话，而作者这种肯定的立场和态度也可以唤起读者群的认同，激发他们对"芙蓉姐姐"的支持。

通过上面不同时期的报道，我们可以看出"芙蓉姐姐"的蜕变，也能够感受到大众对其态度和立场的转变，而这种意识的变化则直接影响作者对"芙蓉姐姐"特点的描述，同时，作者的立场也在人物描写中得到传播和强化。

2. 以"犀利哥"为例

互文性这一概念首先由法国符号学家、女权主义批评家 Kristeva 在 20 世纪 60 年代提出。Kristeva（1986）认为，任何文本都不是孤立存在的，它总是和过去的文本和现在正在创作的文本相互联系着，任何文本都是对其他文本的吸收和转换。换言之，互文性作为语篇的一个基本特征，指一个语篇中包含他人的话语或其他语篇的片段。但正如陈永国（2003：79）所言，互文引语总是被改变的、被移位的，总是为了适应言说主体的价值体系而经过编辑的。与词汇选择一样，语篇中特定互文模式的选择也不是随意的，它和作者的意识形态倾向紧密相关。所以说，互文性在批评话语分析中占有重要位置，互文性分析能够让人们更好地考察语言与其中隐藏的意识形态之间的关系。

这一部分将选取"犀利哥"一词对其进行互文性分析，考察语篇中各类互文引用表达了怎样的意识形态。下面是一篇关于"犀利哥"的网络媒体报道。

（1）犀利哥，是指的一位街头乞丐，因为他放荡不羁、不伦不类的感觉以及那原始版的"混搭"潮流，给人们潮流视觉眼前一亮，被网友开始追捧，并加以"人肉搜索"。"犀利哥"在短短一周内红透网络，同时被纸媒、电视、网络等媒体大肆报道。其后引起了当地政府层的关注。"犀利哥"事件亦席卷中国台湾地区、日本、新加坡。❶

从上面一段文字中，我们可以看出"犀利哥"有以下四个特征：第一，他是一个无家可归的街头乞丐；第二，他因穿着时尚、混搭前卫受到人们关注；第三，"犀利"是说他眼神犀利坚毅；第四，"犀利哥"的走红源自一大批网络粉丝的追捧。这些都是"犀利哥"这一网络拟亲属称谓语的原始特征，然而随着"犀利哥"风靡中国、走向世界，许多网络媒体在其他报道中频繁引用这一称谓，以达到标新立异的效果。

---

❶ 犀利哥 [EB/OL]. [2017-09-03]. http：//baike.baidu.com/view/1465055.htm.

（2）冰壶赛场上的"犀利哥"。

2月11日，一名加拿大队员在索契冬奥会男子冰壶比赛中。在冰壶比赛场上，运动员们常常以犀利的眼光观察这赛场的一举一动，他们个个都是犀利哥。❶

这条新闻说的本是冰壶比赛中的运动员，其标题中却出现"犀利哥"一词，这里自然不是指原始意义中的街头乞丐程国荣，而是和他一样有着犀利眼神的冰壶运动员。这种在文本中引用过去文本中的片段，就构成了互文性。其中，互文引语"犀利哥"的意义在当前语境中被重新编辑，赋予了作者的感观和思想。这样一来，新闻标题不仅吸引眼球，而且读者通过熟知的"犀利哥"，能够更好地锁定并理解冰壶运动员相似的行为特征。

（3）刘德华军大衣亮相沈阳　天王"犀利哥"装扮；新天龙八部后现代神造型：钟汉良爱混搭变身"犀利哥"；《舞乐传奇》曝于荣光"犀利哥"造型。

上面三则标题都引用了"犀利哥"，报道对象分别是娱乐圈明星刘德华、钟汉良和于荣光，他们都因宽松的混搭装扮被称"犀利哥"。虽然"犀利哥"

---

❶　冰壶赛场上的"犀利哥"加拿大队员特写 [EB/OL].（2014-02-12）[2017-09-03]. http : //sports.sohu.com/20140212/n394837096.shtml.

程国荣凭一身随意混搭的旧衣裳一夜成名，但其乞丐身份与报道中的明星形成了鲜明对比，作者正是以此为噱头吸引读者的眼球。

总的来说，因为"犀利哥"受到广泛关注，其形象深入人心，新闻工作者在编辑报道时会有意地把他的原始特征拆分，并根据报道对象的特点进行糅合，这样会使新闻标题亮人眼球又生动形象，取得出其不意的效果。

（二）政治类网络拟亲属称谓语

这一部分将对"表哥"和"房叔"进行分析，揭示语篇中隐含的社会心理和意识形态。"表哥"和"房叔"是政治性网络拟亲属称谓语中最具代表性的两条词例，前者是网络中出现的第一个带有强烈政治色彩的拟亲属称谓语，后者则是"房+×"模式称谓的首创词。

1. 以"表哥"为例

（1）陕西"表哥"杨达才。

2012 年 8 月 26 日，延安境内发生特大车祸，致 36 人死亡，3 人受伤。陕西省安监局局长杨达才在现场面带"微笑"，同时被曝在不同场合佩戴多块名表，被网友称为"表哥"。有消息称，从杨达才家中搜出至少 83 块手表，需进一步认定；双规期间，纪委在杨达才个人账户、家中和私人场所调查出超千万资金，

存款涉及 20 余家银行。陕西官方始终未予正面回应。❶

作者用陕西"表哥"杨达才作为文章标题可以指明主人公身份，同时满足读者猎奇心理。此标题包含三部分：人物所在地、拟亲属称谓语和人物姓名。首先，拟亲属称谓语"表哥"由网民开创，其语义与传统意义不同，凸显新闻的新奇性和时效性；其次，姓名可以让公众准确识别人物，因为姓名是指示个人最准确的信息，也是称谓系统中的重要一环，有很强的指示和定位功能。在此，作者有意告知读者"表哥"说的是一个叫杨达才的人；最后，地名陕西表明了"表哥"的所在地，这样使得人物指向更加精准。

作者在文中第一次提及杨达才时便说明了他的官职是陕西省安监局局长，虽然在新闻报道中表明当事人的政治身份是很常见的，但这里更重要的是使读者更深刻地感受到其身份与行为的巨大反差。从报道的伤亡人数可以看出这起车祸的惨烈程度，在面对这样一场灾难时，任何人都不禁感到痛心，但是杨达才却在车祸现场面露微笑，这是对生命的漠视，更是对人民群众极不负责的表现。作为一名官员，本应心系百姓，服务群众，而杨达才的所作所为和其官员身份无一不在激怒读者，所以文中开篇出现的官职在表明其政治身份的同时，更是一种强烈的讽刺。

---

❶　2012 烂尾新闻追查：陕西"表哥"案杳无音讯 . [EB/OL].（2013-01-24）[2017-09-03]. http://news. ifeng.com/mainland/detail_2013_01/24/21527452_0.shtml.

　　杨达才被叫"表哥"是因为他拥有多款奢华手表。手表本是普通物件，但对于一名官员来讲，在不同场合佩戴多块名表却是和个人正当财产收入极不匹配的现象。杨达才被曝家中私藏至少83块手表，且价值不菲，作为安监局局长，他获取手表的渠道不免让人生疑。这里，表不仅仅是一个物件，更是财富的象征，因此，"表哥"这一称谓突出了杨达才的巨额财产。

　　报道的第三句话中，作者两次提及杨达才，而且都使用了他的全名，这样一来，杨达才的名字持续出现在读者的视线之内，能够加深读者对杨达才的印象。本句还披露了杨达才超千万资金、存款涉及20余家银行的调查结果，这是他83块手表背后隐藏的巨额财富，手表也成为联结杨达才和其财产的媒介物。所以，称杨达才为"表哥"合理且形象，同时又是一种讽刺和批判。通过作者对杨达才的描述，读者很容易从中得到以下判断："表哥"指杨达才，因佩戴多块名表牵扯出其背后的大量非法财产，是一个不折不扣的贪官。

　　作者在报道最后把视线从表哥身上转向当地政府，提到陕西官方始终未予正面回应。杨达才事件在全国闹得沸沸扬扬，对于这样一个人性冷漠的大贪官，当地政府却没有及时作出应有的表态，实在让百姓寒心。作者也通过这句话传递出个别政府官员不作为的信息，让读者产生对个别当地政府失望的共鸣，这当然也是给当地政府进行舆论施压的一种方式。

2. 以"房叔"为例

"表哥"事件余波未了，"房叔"事件浮出水面。蔡彬，原任广州市城市管理综合执法局番禺分局政委，因其全家拥有 20 多套房产曝光，被称"房叔"。随着这一消息的证实，蔡彬被立案查处，依法判刑，但群众对有关部门对"房叔"的处置并不满意，下面是摘自新华新闻网的相关报道片段：

（2）有关部门不能在"房叔无房""表哥无表"质疑上保持沉默。

① 广州市珠海区人民法院 12 日对"房叔"蔡彬作出有期徒刑 11 年 6 个月的一审判决，与此前陕西省对"表哥"杨达才的审判不提及手表的来源一样，"房叔"多达 21 套房产的来源和处理问题也未有提及。

② 对此，人们不禁要追问：除去退赃和罚没财产外，是否意味着"房叔"的房产"合法"了？

③ "表哥"落马了，但他的问题与表无关；"房叔"判刑了，他的腐败也与房无关。

作者在新闻标题中引用了"表哥"的事例，将其和报道对象"房叔"联系在一起，体现了文本的互文性。"表哥"和"房叔"都是政府官员，因被网友曝光拥有多块名表、多套房产而受到有关部门的调查并判刑，但在对"表哥""房叔"的审判中均未提及手表和房产的来源及处理问题。"表哥无表""房叔无房"两个短语结构相似，都是称谓语"表哥""房叔"作主语，以"表""房"作为动词"无"的宾语，这种结构使"表"和"房"更为凸显。因手表和房产曝光被拉下马的"表哥"和"房叔"在众目睽睽的法律审判之下，名表和房产却和判罪关系不大，如此明显的财产与收入不符的证据最终没有给群众一个交代，因此，作者在标题中运用互文性将"表哥"和"房叔"联系起来更能激起读者的疑惑和对真相的渴望。

第一句话中，作者通过"表哥"的审判引出"房叔"的判决目的有二：一是因为大众对"表哥"事件颇为熟悉，通过对比"表哥"和"房叔"，可以让读者快速了解"房叔"事件；二是把"表哥"和"房叔"放在一起，更能引发共鸣。作者把两件事平行放置，更能激起读者对二人行径的谴责及不满。

在"表哥"和"房叔"事件中，存在两个对立群体，一是群众，二是个别当地政府。第二句话中，作者用群众的话语向某些政府部门提出质疑。在呼吁表征上，一来把自己放在群众的立场上，通过群众的质疑表示自己的不满；二来也有助于唤起读者的认同。最后一句话中，作者仅使用"表哥"和"房叔"，而非人名指代称谓对象。这表明"表哥""房叔"已成为专有名词。一提到这两个词，人们会立马和杨达才、蔡彬联系起来。另外，"表哥""房叔"现象也反映出当下个别社会腐败现象和不公等问题。

（3）房氏家族的新闻标题。

① 陕西"房姐"被举报在京有 20 多套房，价值 10 亿。

② 表哥无表，房叔无房，房姐受审也与房无关？

③ 广东"房爷"被曝坐拥 192 套房，自称替弟弟管理。

④ 房姐才拘，又冒房爷。

⑤ 山西运城又现房媳被指双户口，其公公有 10 余处房产。

⑥ 山西房媳陕西房姐事件事发月余仍待查。

⑦ 盘点"房氏"家族案：房媳房妹房爷仍无进展。

以上新闻标题都包含房氏称谓语，这类称谓语相互关联且都遵循"房 + 亲属称谓"的构词模式。这种现象可以说明以下三点：首先，标题中的所有拟亲属称谓语证实了自身强大的构词能力；其次，这些称谓对象构成了房氏家族，其中有"姐""叔""爷"，还有"媳""妹"等；再次，这些房氏称谓语即使脱离上下文，读者仍能正确解读其背后的意义，这些称谓语俨然已成为房产腐败的代名词。

四、小结

作为继报纸、电视、广播之后的最有影响力的第四大媒体，网络是一个开放、充满个性的环境，它为网民们的想象力和创造力提供了无限的空间。网络的这些特有特点促使了"犀利哥""房叔""范爷""芙蓉姐姐""房爷""房姐"等新词语的出现。这些称谓语都包含亲属称谓词，但是他们所表达的意义已经完全不同于传统的拟亲属称谓语。这些网络拟亲属称谓语已经构成了一个词语模并且具有很强的构词能力。例如，由"芙蓉姐姐"衍生出了"芙蓉哥""犀利哥""奔跑哥"等大量的拟亲属称谓语，以及由"表哥"杨达才衍生出了"房叔""房姐""房爷""坟爷"等包含腐败意义的拟亲属称谓语。这些网络拟亲属称谓语中的亲属词主要集中在"哥""姐""弟""妹""叔""爷"等词上，并且亲属称谓词包含的亲属关系彻底消失，辈分、年龄、甚至性别等语义区别特征也已经变得模糊。这些网络拟亲属称谓语的大量运用反映出广大网民敢于打传统观念、抑或标新立异抑或哗众取宠、猎奇、网络狂欢的复杂社会心理。同时，这些新颖的称谓语用法体现了社会的包容、人们对话语权的追求以及全社会反腐等新时代主题。

附：各类网络拟亲属称谓语及其出现的大致年份

1. 芙蓉姐（2004）微笑姐（2010）喂奶姐（2010）淡定姐（2010）犀利姐（2010）凤姐（2010）嚣张姐（2011）扫帚姐（2011）提货姐（2012）

2. 2010：犀利哥　淡定哥　火车哥　奔跑哥　浮云哥　红娘哥　瞌睡哥

未来哥　证件哥　咆哮哥　高考哥　齐全哥　保证哥　专拍哥　锦旗哥

2011：断臂哥　贩菜哥　鸡汤哥　卖菜哥　摆摊哥　撑伞哥　啃雪哥

送水哥　笑脸哥　垫钱哥　睿智哥　排队哥　浇水哥　大衣哥　麻袋哥

蹭课哥　力学哥　帐篷哥　收碗哥　幕后哥　浓烟哥　忧民哥　抢修哥

标尺哥　逼停哥　举牌哥　街净哥

2012：拐杖哥　公益哥　挡刀哥　诚实哥　憨厚哥　黄衣哥　仁义哥

跳水哥　托举哥　油条哥

3. 裸跑弟（2012）

4. 奶茶妹（2009）豆花妹（2008）

5. 范爷（2010）诗爷（2011）冬叔（2011）

6. 表哥（2012）房姐（2012）房婶（2012）房媳（2012）房爷（2012）房奶（2012）

7. 春哥（2005）曾哥（2009）

8. 著姐（2010）

9. 章鱼哥（2008）鳄鱼哥（2010）

10. 楼道哥（2011）电扇哥（2011）板凳哥（2010）

参考书目

毕继万，1997. 汉英社交称谓的差异 [J]. 语文建设（1）.

蔡希芹，1994. 中国称谓词典 [M]. 北京：北京语言学院出版社.

曹进，刘芳，2008. 从模因论看网络语言词汇特点 [J]. 南京邮电大学学报（社会科学版）（1）.

陈建民，1989. 语言文化社会新探 [M]. 上海：上海教育出版社.

陈建民，1990. 现代汉语称谓的缺环与泛化问题 [J]. 汉语学习（1）.

陈松岑，1984. 北京城区两代人对上一辈非亲属使用亲属称谓的变化 [J]. 语文研究（2）.

陈松岑，1989. 礼貌语言初探 [M]. 北京：商务印书馆.

陈松岑，1999. 语言变异研究 [M]. 广州：广东教育出版社.

陈夏芳，2002. 称呼语的社会语用学研究 [M]. 上海：华东大学出版社.

陈毅平，2005.《红楼梦》称呼语研究 [M]. 武汉：武汉大学出版社.

陈永国，2003. 互文性 [J]. 外国文学（1）.

陈原，1983/2000. 社会语言学 [M]. 北京：商务印书馆.

陈原，2000. 社会语言学 [M]. 北京：商务印书馆.

陈原，2003. 语言和人 [M]. 北京：商务印书馆.

陈月明，1990. 现代汉语称谓系统及称呼规则 [J]. 宁波大学学报（人文科学版）
（3）.

崔希亮，1996. 现代汉语称谓系统与对外汉语教学 [J]. 语言教学与研究（2）.

崔希亮，1999. 汉语称谓系统的嬗变及其动因 [A]. 第六届国际汉语教学讨论会
论文选 [C].

崔显军，2009. 试论汉语面称使用中的若干策略 [J]. 语言文字应用（2）.

崔希亮，2000. 人称代词及其称谓功能 [J]. 语言教学与研究（1）.

丁崇明，2005. 男子配偶称呼语的历时演变、功能配置及竞争 [J]. 语言教学与
研究（1）.

丁艳，2006. "小姐"称谓语的古今嬗变及其文化成因 [J]. 广播电视大学学报
（哲学社会科学版）（3）.

杜希宙，1999. 关于"哥们儿"称呼的调查分析 [J]. 衡水师专学报（2）.

樊小玲，胡范铸，林界军，马小玲，2004. "小姐"称呼语的语用特征、地理分
布及其走向 [J]. 语言文字应用（4）.

方传余，2007. "同志"一词的社会语言学研究 [J]. 语言教学与研究（1）.

费孝通（著），戴可景（译），1939/1986. 江村经济（中国农民的生活）[M]. 南京：江苏人民出版社.

冯汉骥（著），徐志诚（译），1937/1989. 中国亲属称谓指南 [M]. 上海：上海文艺出版社.

葛燕红，2005. 南京市"小姐"称呼语调查分析 [M]. 中国社会语言学（2）.

顾之川，1993. 明代汉语的修辞称谓与变异称谓 [J]. 青海师范大学学报（社会科学版）（3）.

何自然，何雪林，2003. 模因论与社会语用 [J]. 现代外语（2）.

何自然，2014. 流行语流行的模因论解读 [J]. 山东外语教学（2）.

胡范铸，胡玉华，2000. "同志"称呼语的语义功能与语用条件析论 [J]. 华东师范大学学报（3）.

吉宏昌，2001. 汉语称谓大词典 [M]. 石家庄：河北教育出版社.

教育部语言文字信息管理司，2010. 2009 年中国语言生活状况报告 [M]. 北京：商务印书馆.

黄南松，1988. 非教师称"老师"的社会调查 [J]. 语言教学与研究（4）.

黄启良，2003. 从称谓语的变化透视社会文化的变迁 [J]. 经济与社会发展（7）.

黄涛，2001. "哥们儿"称谓的使用状况与文化内涵 [J]. 北方论丛（3）.

黎昌抱，2001. 英汉亲属称谓词国俗差异研究 [J]. 四川外语学院学报（2）.

李明洁，1996. 泛尊称选用在社会转型背景下的解释—上海泛尊称使用状况的

社会调查报告 [J]. 语言文字应用（4）.

李明洁，1997. 唯技是尊谈"师傅"——流行称呼语透视之四 [J]. 咬文嚼字（7）.

李明洁，1998. 风云变幻说"先生"——流行称呼语透视之八 [J]. 咬文嚼字（2）.

李明洁，1999. 千呼万唤 风云际会——漫谈 50 年来的社会变革与称谓变迁 [J]. 语文建设（2）.

李明洁，2000. 泛尊称不宜强求一致（上海部分专家笔谈社会通称用语问题）[J]. 语文建设（3）.

李明洁，2000. 称谓图式：称谓语的认知模式 [J]. 汉语学习（3）.

李伟，2009. 网络之"亲"[J]. 语文建设（5）.

李宗彦. 叫声"同志"多顺口 [N]. 光明日报，2014-05-20.

梁章钜（清），1990. 称谓录 [M]. 北京：中华书局.

刘大为，2000. 杞人忧天泛尊称（上海部分专家笔谈社会通称用语问题）[J]. 语文建设（3）.

刘桂兰，李红梅，2009. 从模因论角度看"××门"现象 [J]. 外语学刊（2）.

刘林，2012."×哥""×姐"的社会语言学解读 [J]. 语言应用研究（1）.

刘玮娜，2012. 淘宝体称呼语"亲"的语义语用分析 [J]. 求索（5）.

刘永厚，2007. 商贩称呼语的调查分析报告 [J]. 语言教学与研究（5）.

刘永厚，2008. 称呼语系统的历时观述评 [J]. 国外社会科学（1）.

刘永厚，2010. 汉语称呼语的研究路向综观 [J]. 语言文字应用（3）.

刘永厚，2013. 称呼语变异与态度评价 [J]. 北京科技大学学报（社会科学版）
（3）．

刘永厚，朱娟，2015. 在华欧美企业中国员工之间的称呼模式研究 [J]. 语言文字应用（4）．

罗常培，1989. 语言与文化 [M]. 北京：语文出版社．

罗秋明，2011. 犀利哥被走红社会与心理源解析 [J]. 湖南工业大学学报（2）．

马丽丹，2010. 职场中以性别为基础的称呼语社会语言学研究 [D]. 重庆：重庆师范大学．

马宏基，常庆丰，1998. 称谓语 [M]. 北京：新华出版社．

潘攀，1998. 论亲属称谓语的泛化 [J]. 语言文字应用（2）．

潘攀，1999. 论亲属称谓语的简化 [J]. 江汉大学学报（自然科学版）（4）．

潘之欣，张迈曾，2001. 汉语亲属语扩展用法调查 [J]. 语言教学与研究（2）．

齐沪扬，朱琴琴，2001. 上海市徐汇区大中小学生称谓语使用情况调查 [J]. 语言文字应用（2）．

商务印书馆编辑部，2010. 辞源（修订本）（重排版）[M]. 北京：商务印书馆．

邵敬敏，2009. 美女面称的争议及其社会语言学调查 [J]. 语言文字应用（4）．

说词解字辞书研究中心，2011. 中华现代汉语词典 [M]. 北京：华语教学出版社．

孙玉超，师文淑，2012. "同志"称谓的历史演变及使用现状研究 [J]. 现代语文（学术综合版）（6）．

唐师瑶，2005.“大姐”与“小姐”——对长春市青年女性顾客称谓语的调查与研究 [J]. 修辞学习（4）.

唐兴红，刘绍忠，2004. 跨文化交际中称呼语的礼貌规范与语用失误 [J]. 外语与外语教学（10）.

田贵森，1998. 论语用比喻 [J]. 选自余渭深，李红，彭宣维（主编），语言的功能——系统、语用和认知 [C]. 重庆：重庆大学出版社.

田惠刚，1998. 中西人际称谓系统 [M]. 北京：外语教学与研究出版社.

涂海强,杨文全,2011. 媒体语言“×＋哥”类词语的衍生机制与语义关联框架 [J]. 语言教学与研究（6）.

王白菊，2005. 英汉社会称呼语对比研究 [J]. 黑龙江教育学院学报（6）.

王德春，孙汝建，姚远，1995. 社会心理语言学 [M]. 上海：上海外语教育出版社.

王家学，2014. 网络流行词“亲”来源实为双流合一 [M]. 现代语文（学术综合版）（10）.

王静，2012. 网络流行语“×哥（姐）”研究 [J]. 语文学刊（4）.

王飒，李树新，2005.“同志”称谓的历史嬗变及其语义特征 [J]. 内蒙古大学学报（3）.

卫志强，1994. 称呼的类型及其语用特点 [J]. 选自胡文仲（主编），文化与交际 [M]. 北京：外语教学与研究出版社.

文秋芳，1987. 从社会语言学看汉语称呼语的使用规则 [J]. 南京师大学报社会科学版（4）.

温锁林，宋晶，2006. 现代汉语称谓并用研究 [J]. 语言文字应用（3）.

伍丹戈，1979. 略论明代官场的称呼—从姚雪垠著《李自成》中用语"老先生"

说起 [J]. 复旦学报（社会科学版）（4）.

吴海林，1991. 中国古今称谓全书 [M]. 哈尔滨：黑龙江教育出版社.

吴慧颖，1992. 建国以来拟亲属称呼的变化 [J]. 语文建设（12）.

吴丽华. 天猫上的卖家：明星卖家陨落 [N]. 凤凰财经网，2013-08-22.

武月琴，2006. 称呼语变迁的社会文化维度 [J]. 理论月刊（4）.

夏征农，2002. 辞海：1999 年索引本（音序）[M]. 上海：上海辞书出版社.

辛斌，1996. 语言、权利与意识形态：批评语言学 [J]. 现代外语（1）.

许慧，2012. 新中国成立以来"同志""师傅""先生"称谓研究 [D]. 呼和浩特：

内蒙古大学硕士论文.

许慎，1963. 说文解字 [M]. 北京：中华书局.

许之所，2007. 论"小姐"词义演变及其成因 [J]. 现代语文（语言研究版）（2）.

徐梓，2007. "师傅"与"师父" [J]. 中国教师（11）.

晏小萍，2002. 国家机关工作人员称呼使用的调查 [J]. 语言教学与研究（4）.

杨应芹，诸伟奇，1989. 古今称谓词典 [M]. 合肥：黄山书社.

杨永林，2004. 社会语言学研究：功能、称谓、性别篇 [M]. 上海：上海外语教

育出版社.

姚亚平，1988. 人际关系语言学 [M]. 沈阳：辽宁教育出版社 .

姚亚平，1995. 现代汉语称谓系统变化的两大基本趋势 [J]. 语言文字应用（3）.

羿翀，2006."老板"称谓语的泛化及其原因 [J]. 桂林师范高等专科学校学报（3）.

张国，姜微，2011. 模因论视阈下的网络流行语的传播研究，中国海洋大学学报（社会科学版）（3）.

张积家，陈俊，2003. 大学生称呼语选择维度的研究 [J]. 心理科学（3）.

张积家，陈俊，2007. 汉语称呼语概念结构的研究 [J]. 语言文字应用（2）.

张积家，林娜，2009. 汉语亲属词典型性评定的影响因素 [J]. 语言文字应用（2）.

张立丹，张希玲，2006. 拟亲属称谓习俗的文化功能 [J]. 边疆经济与文化（3）.

张璐璐，涂俊，范雪莹，单治国，2013. 企业文化解构与实践 [M]. 北京：社会科学文献出版社 .

张素玲，2005. 借子称谓语的语用形式和语用机制 [J]. 修辞学习（4）.

张微，2009. 社交称谓语"先生"的泛化 [J]. 语言应用研究（4）.

张维耿，2003. 漫话中国大陆五十年间称谓语的变化 [J]. 暨南大学华文学院学报（2）.

张希玲，高政锐，2006. 拟亲属称谓习俗的文化特征 [J]. 边疆经济与文化（7）.

张征，2008.《红楼梦》人物换称的语用研究 [M]. 北京：现代教育出版社 .

张子宪，2013."×控"现象流行的模因论分析 [J]. 现代语文（3）.

赵改梅，王晓斌，2007. 模因与流行语传播探究 [J]. 西安外国语大学学报（2）.

赵军峰，1999. 汉英社交称谓对比研究刍议 [J]. 外语教学（4）.

赵英玲，1997. 英语称呼语的社会语用功能 [J]. 外语学刊（1）.

周旭，谭静怡，2009. 网络传播词"亲"的意义再释 [J]. 修辞学习（5）.

祝克懿，2004. 口语称谓语的缺环现象考察 [J]. 修辞学习（1）.

祝畹瑾，1984. "师傅"用法调查 [J]. 语文研究（1）.

祝畹瑾，1994. "同志"在中国—语言变化对日常会话的影响 [J]. 选自胡文仲

（主编），文化与交际 [M]. 北京：外语教学与研究出版社.

祝畹瑾，1990. 汉语称呼研究——一张社会语言学的称呼系统图 [J]. 北京大学

学报英语语言文学专刊.

祝畹瑾，1992. 社会语言学概论 [M]. 长沙：湖南教育出版社.

祝畹瑾等，2013. 新编社会语言学概论 [M]. 北京：北京大学出版社.

朱晓文，2005. 称谓语的多角度研究 [J]. 修辞学习（4）.

Akos, Oster, 1982. Terms of address and Hungarian society [J]. *Language Sciences*,
4 (1).

Alrabaa, Sami, 1985. The use of address pronouns by Egyptian adults: A
sociolinguistic study [J]. *Journal of Pragmatics*, 9 (5).

Angermeyer, Philipp Sebastian, 2005. Who is "you"? Polite forms of address and
ambiguous participant roles in court interpreting [J]. Target, 17 (2).

Auer, Peter, 2005. A postscript: code-switching and social identity [J]. Journal of Pragmatics, 37 (3).

Austin, John L, 1962/2002. How to Do Things with Words [M]. Oxford/Beijing: Oxford University Press/ Foreign Language Teaching and Research Press.

Barton, David & Karin, Tusting, 2005. Beyond Communities of Practice [M]. Cambridge: Cambridge University Press.

Bates, Elizabeth & Benigni, Laura, 1975. Rules of address in Italy: A sociolinguistic survey [J]. Language in Society, 4 (3).

Bayley, Robert & Lucas, Cell, 2007. Sociolinguistic Variation: Theories, Methods, and Applications [M]. Cambridge: Cambridge University Press.

Benwell, Bethan & Elizabeth, Stokoe, 2006. Discourse and Identity [M]. Edinburgh: Edinburgh University Press.

Bergvall, Victoria L., 1999. Toward a comprehensive theory of language and gender [J]. Language in Society, 28 (2).

Besnier, Niko, 1990. Language and affect [J]. Annual Review of Anthropology, 19 (1).

Blackmore, Susan, 1999. *The Meme Machine* [M].Oxford: Oxford University Press.

Bourdieu, Pierre, 1991. Language and Symbolic Power [M]. Cambridge: Polity Press.

Bradly, Stephen & Ghemawat, Pankaj, 2002. WalMart Stores, Inc. [A]. In: Harward Business School Case [C]. Boston: Harvard Business School Publishing.

Braun, Friederike, 1988. Terms of Address—Problems of Patterns and Usage in Various Languages and Culture [M]. Amsterdam: Mouton de Gruyter.

Brown, Roger, 1958. How shall a thing be called [J]. Psychological Review, 65 (1).

Brown, Roger & Gilman, Albert, 1960/2003. The pronouns of power and solidarity [A]. In Sociolinguistics: the essential readings [C]. Eds. Paulston, Christina Bratt & Tucker, G. Richard. Malden: Blackwell Publishing Ltd.

Brown, H. Paul, 2006. Addressing Agamemnon: a pilot study of politeness and pragmatics in the "Iliad" [J]. Transactions of the American Philological Association, 136 (1).

Brown, Roger & Ford, Marguerite, 1961. Address in American English [J]. Journal of Abnormal and Social Psychology, 62 (2).

Brown, Roger & Gilman, Albert, 1989. Politeness theory and Shakespeare's four major tragedies [J]. Language in Society, 18 (2).

Brown, Penelope & Levinson, Stephen, C., 1987. Politeness: Some Universals in Language Usage [M]. Cambridge: Cambridge University Press.

Bucholtz, Mary, 1999. "Why be normal ?": language and identity practices in a community of nerd girls [J], Language in Society, 28 (2).

Bucholtz, Mary & Kira, Hall, 2004. Theorizing identity in language and sexuality research [J]. Language in Society, 33 (4).

Bucholtz, Mary & Kira, Hall, 2005. Identity and interaction: a sociocultural linguistic approach [J]. Discourse Studies, 7 (4-5).

Burnley, David, 2003. The T/V pronouns in later Middle English literature [A]. In Diachronic Perspectives on Address Term Systems [C]. Eds. Taavitsainen, Irma & Jucker, Andreas H.. Amsterdam: John Benjamins Publishing Company.

Cao, Xianghong, 2007. The effect of age and gender on the choice of address forms in Chinese personal letters [J]. Journal of Sociolinguistics, 11 (3).

Cashman, Holly R, 2005. Identities at play: language preference and group membership in bilingual talk in interaction [J]. Journal of Pragmatics, 37 (3).

Cecchetto, Vittorina & Magda, Stroinska, 1996. Systems of self-reference and address forms in intellectual discourse [J]. Language Sciences, 18 (3-4).

Cerulo, Karen A, 1997. Identity construction: new issues, new directions [J]. Annual Review of Sociology, 23 (23).

Chambers, Jack K., 2002. Patterns of variation including change [A]. In *The Handbook of Language Variation and Change* [C]. Eds. Chambers, J. K., Trudgill, Peter & Schilling-Estes, Natalie. Oxford: Blackwell Publishing Ltd..

Chambers, Jack K., 2003. Sociolinguistic Theory: Linguistic Variation and Its Social

Significance [M]. Oxford: Blackwell Publishers.

Chambers, J. K., Trudgill, Peter & Schilling-Estes, Natalie, 2002. The Handbook of Language Variation and Change [C]. Malden: Blackwell Publishing Ltd..

Chao, Yuen Ren, 1956. Chinese terms of address [J]. Language, 32 (1).

Chiles, Tina, 2007. The construction of an identity as "mentor" in white collar and academic workplaces: A preliminary analysis [J]. Journal of Pragmatics, 39 (4).

Chomsky, Noam, 1965. Aspects of the Theory of Syntax [M]. Massachusetts: MIT Press.

Clark, Herbert H. & Marshall, C. R. Definite reference and mutual knowledge, 1981. In Elements of Discourse Understanding [C]. Eds. Joshi, A. K., Webber, B. L. & Sag, I. A.. Cambridge: Cambridge University Press.

Clybe, Michael, Heinz-Leo, Kretzenbacher, Norrby, Catrin & Schüpbach Doris, 2006. Perceptions of variation and change in German and Swedish address [J]. Journal of Sociolinguistics, 10 (3).

Coulmas, Florian, 1997/2001. The Handbook of Sociolinguistics [C]. Oxford/ Beijing: Blackwell Publishers Ltd./Foreign Language Teaching and Research Press.

Coupland, Nikolas, 1980. Style-shifting in a Cardiff work-setting [J]. Language in Society, 9 (1).

Coupland, Nikolas, 2001. Dialect stylization in radio talk [J]. Language in Society, 30 (3).

Coveney, Aidan, 2003. "Anything You can do, Tu can do better": Tu and Vous as substitutes for indefinite on in French [J]. Journal of Sociolinguistics,7 (2).

Dawkins, Richard, 1976. The Selfish Gene [M]. Oxford: Oxford University Press.

De Fina, Anna, 2007. Code-switching and the construction of ethnic identity in a community of practice [J]. Language in Society, 36 (3).

De Fina, Anna, Schiffrin, Deborah & Bamberg, Michael, 2006. Discourse and Identity [M]. Cambridge: Cambridge University Press.

DeLisle, Helga H., 1993. Forms of address in academic setting: a contrastive analysis [J]. Die Unterrichtspraxis, 26 (1).

Dickey, Eleanor, 1997. The ancient Greek address system and some proposed sociolinguistic universals [J]. Language in Society, 26 (1).

Dijk, Teun Adrianus van, 1990. News as Discourse [M]. New Jersey: Lawrence Erlbaurn Associates.

Dijk, Teun Adrianus van, 2008. Discourse and Context: A Socio-Cognitive Approach [M]. Cambridge: Cambridge University Press.

Dittrich, Winand H., Johansen, Thomas & Kulinskaya, Elena, 2011. Norms and situational rules of address in English and Norwegian speakers [J]. Journal of

Pragmatics, 43 (15).

Duranti, Alessandro, 2004. A Companion to Linguistic Anthropology [C]. Malden: Blackwell Publishing Ltd..

Duranti, Alessandro, 2005. On theories and models [J]. Discourse Studies, 7 (4-5).

Dunking, Leslie, 1990. A Dictionary of Epithets and Terms of Address [M]. New York: Routledge.

Edwards, John, 1985. Language, Society, and Identity [M]. New York: Basil Blackwell.

Eckert, Penelope & McConnell-Ginet, Sally, 1999. New generalizations and explanations in language and gender research [J]. Language in Society, 28 (2).

Eckert, Penelope & McConnell-Ginet, Sally, 2003. Language and Gender [M]. Cambridge: Cambridge University Press.

Eckert, Penelope & Rickford, John R., 2001. Style and Sociolinguistic Variation [M]. Cambridge: Cambridge University Press.

Eckert, Penelope & Wenger, Étienne, 2005. Communities of practice in sociolinguistics [J]. Journal of Sociolinguistics, 9 (4).

Ehrlich, Susan, 1999. Communities of practice, gender, and the representation of sexual assault [J]. *Language in Society*, 28 (2).

Ervin-Tripp, S. M., 1972. Sociolinguistic rules of address [A]. In Sociolinguistics: Selected Readings [C] Eds.Pride, J. B. & Holmes, Janet. New York: Penguin Books Ltd..

Fairclough, Norman, 1989. Language and Power [M]. London: Longman.

Fang, Hanquan & Heng, J. H., 1983. Social changes and changing address norms in China [J]. Language in Society, 12 (4).

Farfán, José Antonio Flores, 2003. "Al fin que ya los cueros no van a correr": The pragmatics of power in Hñahñu (Otomi) markets [J]. Language in Society, 32 (5).

Fiske, Shirley, 1978. Rules of address: Navajo women in Los Angeles [J]. Journal of Anthropological Research, 34 (1).

Flick, Uwe, 2006. An Introduction to Qualitative Research [M]. London: Sage Publications.

Friedrich, Paul, 1972. Social context and semantic feature: the Russian pronominal usage [A]. In Directions in Sociolinguistics: The Ethnography of Communication [C]. Eds. Gumperz, John J. & Hymes, Dell. Oxford: Basil Blackwell.

Gatherer, Derek, 1998. Why the "Thought Contagion" metaphor is retarding the progress of memetics [J]. Journal of Memetics - Evolutionary Models of Information Transmission, 2 (2).

Giddens, Anthony, 1979. *Central Problems in Social Theory* [M]. London: the Macmillan Press Ltd..

Giles, Howard & Clair, Roberts N. St., 1979. *Language and Social Psychology* [M]. Oxford: Basil Blackwell.

Gumperz, John J., 1971. *Language in Social Groups* [M]. Palo Alto: Stanford University Press.

Gumperz, John, J., 1982. *Discourse Strategies* [M]. Cambridge: Cambridge University Press.

Gumperz, John, J., 1986. Introduction [A]. In *Directions in Sociolinguistics: the Ethnography of Communication* [C]. Eds. Gumperz, John J. & Hymes, Dell. Oxford: Basil Blackwell.

Gumperz, John, J.. & Hymes, Dell, 1986. *Directions in Sociolinguistics: the Ethnography of Communication* [C]. Oxford: Basil Blackwell.

Halliday, M. A. K., 1978. *Language as Social Semiotic: The Social Interpretation of Language and Meaning* [M]. London, New York, Melbourne, and Auckland: Edward Arnold.

Halliday, M. A. K., 1994. *An Introduction to Functional Grammar (2nd edition)* [M]. London: Edward Arnold.

Haspelmath, Martin, 2006. Against markedness (and what to replace it with) [J].

Journal of Linguistics, 42 (1).

Herzfeld, Michael, 1982. When exceptions define the rules: Greek baptismal names and the negotiation of identity [J]. *Journal of Anthropological Research*, 38 (3).

Holmes, Dick, 1984. Explicit-Implicit Address [J]. *Journal of Pragmatics*, 8 (3).

Holmes, Janet & Meyerhoff, Miriam, 1999. The community of practice: theories and methodologies in language and gender research [J]. *Language in Society*, 28 (2).

Holmes, Janet & Meyerhoff, Miriam, 2003/2005. *The Handbook of Language and Gender* [M]. Malden, Oxford and Victoria: Blackwell Publishing Ltd..

Honegger, Thomas, 2003. "And if ye wol nat so, my lady sweete, thanne preye I thee, […]." Forms of address in Chaucer's knight's tale [A]. In *Diachronic Perspectives on Address Term Systems* [C]. Eds.Taavitsainen, Irma & Jucker, Andreas H.. Philadelphia: John Benjamins Publishing Company.

Howell, Richard W., 1968. Linguistic choice and levels of social change [J]. *American Anthropologist*, 70 (3).

Hudson, Richard A., 1996/2000. *Sociolinguistics* [M]. Cambridge/Beijing: Cambridge University Press/ Foreign Language Teaching and Research Press.

Hunston, Susan & Thompson, Geoff, 2000. *Evaluation in Text: Authorial Stance and the Construction of Discourse* [M]. Oxford: Oxford University Press.

Hymes, Dell, 1972. Models of the interaction of language and social life [A]. In

Directions in Sociolinguistics: The Ethnography of Communication [C]. Eds. Gumperz, John J. & Hymes, Dell. New York: Holt, Rinehart & Winston.

Hymes, Dell, 1974. *Foundations in Sociolinguistics: An Ethnographic Approach* [M]. London: Tavistock Publications Limited.

Itkonen, Esa, 1983. *Causality in Linguistic Theory* [M]. Bloomington: Indiana University Press.

Joseph, John E., 2004. *Language and Identity: National, Ethnic, Religious* [M]. New York: Palgrave Macmillan.

Ju, Zhucheng, 1991. The "depreciation" and "appreciation" of some address terms in China [J]. *Language in Society*, 20 (3).

Jucker, Andreas H., Aalberse, Suzanne & Taavitsainen, Irma, 2003. *Diachronic Perspectives on Address Term Systems* [C]. Amsterdam: John Benjamins Pub.

Kendall, Martha B., 1981. Toward a semantic approach to terms of address: a critique of deterministic models in sociolinguistics [J]. *Language & Communication*, 1 (2-3).

Keshavarz, Mohammad Hossein, 1988. Forms of address in post-revolutionary Iranian Persian: a sociolinguistic analysis [J]. *Language in Society*, 17 (4).

Keshavarz, Mohammad Hossein, 2001. The role of social context, intimacy, and distance in the choice of forms of address [J]. *International Journal of Sociology of Language*, 2001 (148).

Kristeva, Julia, 1986. *"The Revolution in Poetic Language" in The Kristeva Reader*
[M]. Oxford: Basil Blackwell Ltd.

Labov, William, 1963. The social motivation of a sound change [J]. *Word*, 19 (3).

Labov, William, 1966. *The Social Stratification of English in New York City Second
Edition* [M]. Cambridge : Cambridge University Press.

Labov, William, 1969/2003. Some sociolinguistic principles [A]. In *Sociolinguistics:
The Essential Readings* [C]. Eds. Paulston, Christina Bratt & Tucker, G. Richard.
Oxford: Blackwell Publishing.

Labov, William, 1972. The study of language in its social context [A]. In
Sociolinguistics: Selected Readings [C]. Eds. Pride, J. B. & Holmes, Janet.
Middlesex: Penguin Books.

Labov, William, 1972/1986. On the mechanism of linguistic change [A]. In
Directions in Sociolinguistics: the Ethnography of Communication [C]. Eds.
Gumperz, John J. & Hymes, Dell. Oxford: Basil Blackwell Ltd..

Labov, William, 1989. The child as linguistic historian [J]. *Language Variation and
Change*, 1 (1).

Labov, William, 1994. *Principles of Linguistic Change, Vol. 1: Internal Factors* [M].
Oxford: Blackwell.

Labov, William, 2001. *Studies in Sociolinguistics: Selected Papers by William Labov* [M]. Beijing: Beijing Language and Culture University Press.

Lambert, Wallace E. & Tucker, G. Richard, 1976. *Tu, vous, Usted: a Social Psychological Study of Address Patterns* [M]. Rowley: Newbury House.

Lee-Wong, Song Mei, 1994. Address forms in modern China: changing ideologies and shifting semantics [J]. *Linguistics*, 32 (2).

Li, David, C.S., 1997. Borrowed identity: signaling involvement with a western name [J]. *Journal of Pragmatics*, 28 (4).

Little, Craig, B. & Gelles, Richard, J., 1975. The social psychological implications of forms of address [J]. *Sociometry*, 38 (4).

Liu, Yonghou, 2009. Determinants of stall-holders' address forms towards their customers in Beijing's low-status clothing markets [J]. *Journal of Pragmatics*, 41 (3).

Martin, J. R., 2000. Beyond exchange: appraisal systems in English [A]. In *Evaluation in Text: Authorial Stance and the Construction of Discourse* [C]. Eds. Hunston, Susan & Thompson, Geoff. Oxford: Oxford University Press.

Martin, J. R. & White, Peter. R. R., 2005. *The Language of Evaluation: Appraisal in English* [M]. New York: Palgrave Macmillan.

Martiny, T, 1996. Forms of address in French and Dutch: a sociopragmatic approach

[J]. *Language Sciences*, 18 (3-4).

Mazzon, Gabriella, 2003. Pronouns and nominal address in Shakespearean English: a socio-affective marking system in transition [A]. In *Diachronic Perspectives on Address Term Systems* [C]. Eds. Jucker, Andreas H., Aalberse, Suzanne & Taavitsainen, Irma. Philadelphia: John Benjamins Publishing Company.

Meyerhoff, Miriam, 1999. Sorry in the Pacific: defining communities, defining practices [J]. *Language in Society*, 28 (2).

Mieroop, Dorien Van De, 2007. The complementarity of two identities and two approaches: quantitative and qualitative analysis of institutional and professional identity [J]. *Journal of Pragmatics*, 39 (6).

Milroy, Lesley, 1987. *Language and Social Networks* [M]. Oxford: Basil Blackwell.

Milroy, Lesley & Milroy, James, 1992. Social network and social class: Toward an integrated sociolinguistic model [J]. *Language in Society*, 21 (1).

Morand, David A, 1995. Forms of address and status leveling in organizations [J]. *Business Horizons*, 38 (6).

Moreno, Maria Cristobalina, 2002. The address system in the Spanish of the Golden Age [J]. *Journal of Pragmatics*, 34 (1).

Morford, Janet, 2010. Modern manners: the "new" middle classes and the emergence of an informal civility in France [J]. *Journal of the Society for the Anthropology of*

Europe, 1 (1).

Mühlhäusler, Peter &Harré, Rom, 1990. *Pronouns & People: The Linguistic Construction of Social and Personal Identity* [M]. Oxford: Basil Blackwell.

Murphy, Gregory L., 1988. Personal reference in English [J]. *Language in Society*, 17 (3).

Nevala, Minna, 2004. Accessing politeness axes: forms of address and terms of reference in early English correspondence [J]. *Journal of Pragmatics*, 36 (12).

Nickerson, C. & Bargiela-Chiappini, F., 1996. At the intersection between grammar and pragmatics: a contrastive study of personal pronouns and other forms of address in Dutch and Italian [J]. *Language Sciences*, 18 (3-4).

Noonan, Harold W., 1989. *Personal Identity* [M]. London: Routledge.

Ochs, Elinor, 1993. Constructing social identity: a language socialization perspective [J]. *Research on Language and Social Interaction*, 26 (3).

Osgood, Charles E., Suci, George J. & Tannenbaum, Percy, 1967. *The Measurement of Meaning* [M]. Urbana: University of Illinois Press.

Ostermann, Ana Cristina, 2003. Localizing power and solidarity: pronouns alternation at an all-female police station and a feminist crisis intervention center in Brazil [J]. *Language in Society*, 32 (3).

Oyetade, Solomon Oluwole, 1995. A sociolinguistic analysis of address forms in

Yoruba [J]. *Language in Society*, 24 (4).

Östor, Akos, 1982. Terms of address and Hungarian society [J]. *Language Sciences*, 4 (1).

Paulston, Christina Bratt, 1976/2005. Pronouns of address in Swedish: social class semantics and a changing system [A]. In *Intercultural Discourse and Communication* [C]. Eds. Kiesling, S. F. & Paulston, C. B.. Oxford: Blackwell Publishing Ltd..

Paulston, Christina Bratt & Tucker, G. Richard, 2003. *Sociolinguistics: The Essential Readings* [C]. Oxford: Blackwell Publishing Ltd.

Pride, John B. & Holmes, Janet, 1972. *Sociolinguistics: Selected Readings* [C]. Harmondsworth: Penguin Books.

Saville-Troike, Muriel, 1982. *The Ethnography of Communication: An Introduction* [M]. Oxford: Basil Blackwell.

Scavnicky, Gary Eugene A., 1978. Tu, Vous, Usted: a social-psychological study of address patterns [J]. *Hispania*, 68 (1).

Scherer, Klaus R. & Giles, Howard, 1979. *Social Markers in Speech* [M]. Cambridge: Cambridge University Press.

Schilling-Estes, Natalie, 1998. Investigating "self-conscious" speech: the performance register in Ocraoke English [J]. *Language in Society*, 27 (1).

Schilling-Estes, Natalie, 2002. Investigating stylistic variation [A]. *The Handbook of Language Variation and Chang* [C]. Eds. Chambers, J. K, Trudgill, Peter & Schilling-Estes, Natalie. Oxford: Blackwell Publishing.

Scotton, Carol Myers & Zhu, Wanjin, 1983. Tóngzhì in China: language change and its conversational consequences [J]. *Language in Society*, 12 (4).

Scotton, Carol Myers & Zhu, Wanjin, 1984. The multiple meanings of shī·fu: a language change in progress [J]. *Anthropological Linguistics*, 26 (3).

Solé, Yolanda R., 1978. Sociocultural determinants of symmetrical and asymmetrical address forms in Spanish [J]. *Hispania*, 61 (4).

Spencer-Oatey, Helen, 2007. Theories of identity and the analysis of face [J]. *Journal of Pragmatics*, 39 (4).

Sperber, Dan & Wilson, Deirdre, 1995. *Relevance: Communication and Cognition* [M]. Oxford: Blackwell.

Stein, Dieter, 2003. Pronominal usage in Shakespeare: between sociolinguistics and conversational analysis [A]. In *Diachronic Perspectives on Address Term Systems* [C]. Eds. Jucker, Andreas H., Aalberse, Suzanne & Taavitsainen, Irma. Amsterdam: John Benjamins Pub.

Tajfel, Henri, 1982. *Social Identity and Intergroup Relations* [M]. Cambridge: Cambridge University Press.

Tajfel, Henri & Turner, John C., 1986. The social identity theory of inter-group behavior [A]. *Psychology of Intergroup Relations* [C]. Eds. Austin, Willam G. & Worchel, Steven. Chicago: Nelson-Hall Publishers.

Takiff, Hilary, A., Sanchez, Diana T. & Stewart, Tracie L., 2001. What's in a name? The status implications of students' terms of address for male and female professors [J]. *Psychology of Women Quarterly*, 25 (2).

Tracy, Karen & Robles, Jessica S., 2002. *Everyday Talk: Building and Reflecting Identities* [M]. New York: Guilford Publications.

Tyler, Tom R, Kramer, Roderick Moreland & John, Oliver P., 2001. *The Psychology of the Social Self* [M]. Mahwah: Lawrence Erlbaum Associates Publishers.

Wardhaugh, Ronald, 1986/2000. *An Introduction to Sociolinguistics* [M]. New York/ Beijing: Basil Blackwell /Foreign Language Teaching and Research Press.

Watts, Richard, J., 2003. *Politeness* [M]. Cambridge: Cambridge University Press.

Weinreich, Uriel, Labov, William & Herzog, Marvin I., 1968. Empirical foundations for a theory of language change [A]. In *Directions for Historical Linguistics: A Symposium* [C]. Eds. Benveniste Emile, Lehmann, Winfred P. & Malkiel, Yakov. Texas: University of Texas Press.

Wenger, Etienne, 1999. *Communities of Practice: Learning, Meaning, and Identity* [M]. New York: Cambridge University Press.

Williams, Lynn, 2005. An aspect of palace protocol: forms of address at the courts of Philip IV and Charles II [J]. *Bulletin of Hispanic Studies*, 82 (4).

Wittermans, Elizabeth P., 1967. Indonesian terms of address in a situation of rapid social change [J]. *Social Forces*, 46 (1).

Wong, Andrew, 2005. The reappropriation of tongzhi [J]. *Language in Society*, 34 (5).

Wong, Andrew, 2003. *Tongzhi, Ideologies and Semantic Change* [D]. Palo Alto: Stanford University.

Wong, Andrew & Zhang, Qing, 2000. The linguistic construction of the tongzhi community [J]. *Journal of Linguistic Anthropology*, 10 (2).

Zimmerman, Don H., 1998. Identity, context and interaction [A]. In *Identities In Talk* [C]. Eds. Antaki, C. & Widdicombe, S. London: Sage Publications Ltd.

Zipf, George Kingsley, 1949. *Human Behavior and the Principle of Least Effort: An Introduction to Human Ecology* [M]. New York: Hafiner.